馆长珍藏系列

不朽大师的传世杰作

CURATOR'S COLLECTION

Michelangelo

米开朗琪罗

[美] 威廉 · E.华莱士 著

严菲菲 译

中国法制出版社
CHINA LEGAL PUBLISHING HOUSE

北京市版权局著作权合同登记号　图字：01-2019-4579

图书在版编目 (CIP) 数据

米开朗琪罗 /（美）威廉・E. 华莱士（William E Wallace）著；严菲菲译. —北京：中国法制出版社，2020.1

书名原文：Michelangelo

ISBN 978-7-5216-0524-2

Ⅰ. ①米…　Ⅱ. ①威… ②严…　Ⅲ. ①米开朗琪罗（Michelangelo, Buonarroti 1475—1564）—传记　Ⅳ. ① K835.465.72

中国版本图书馆 CIP 数据核字（2019）第 262277 号

策划编辑：李　佳（amberlee2014@126.com）
责任编辑：李　佳　刘冰清　　　封面设计：汪要军

米开朗琪罗
MIKAILANGQILUO
著者 /［美］威廉・E. 华莱士（William E Wallace）
译者 / 严菲菲
经销 / 新华书店
印刷 / 北京华联印刷有限公司
开本 / 889 毫米 × 1194 毫米　16 开　　　印张 / 9.75　字数 / 249 千
版次 / 2020 年 5 月第 1 版　　　2020 年 5 月第 1 次印刷

中国法制出版社出版
书号 ISBN 978-7-5216-0524-2　　　定价：78.00 元

北京西单横二条 2 号　邮政编码 100031　　　传真：010-66031119
网址：http://www.zgfzs.com　　　**编辑部电话：010-66053217**
市场营销部电话：010-66033393　　　**邮购部电话：010-66033288**
（如有印装质量问题，请与本社印务部联系调换。电话：010-66032926）

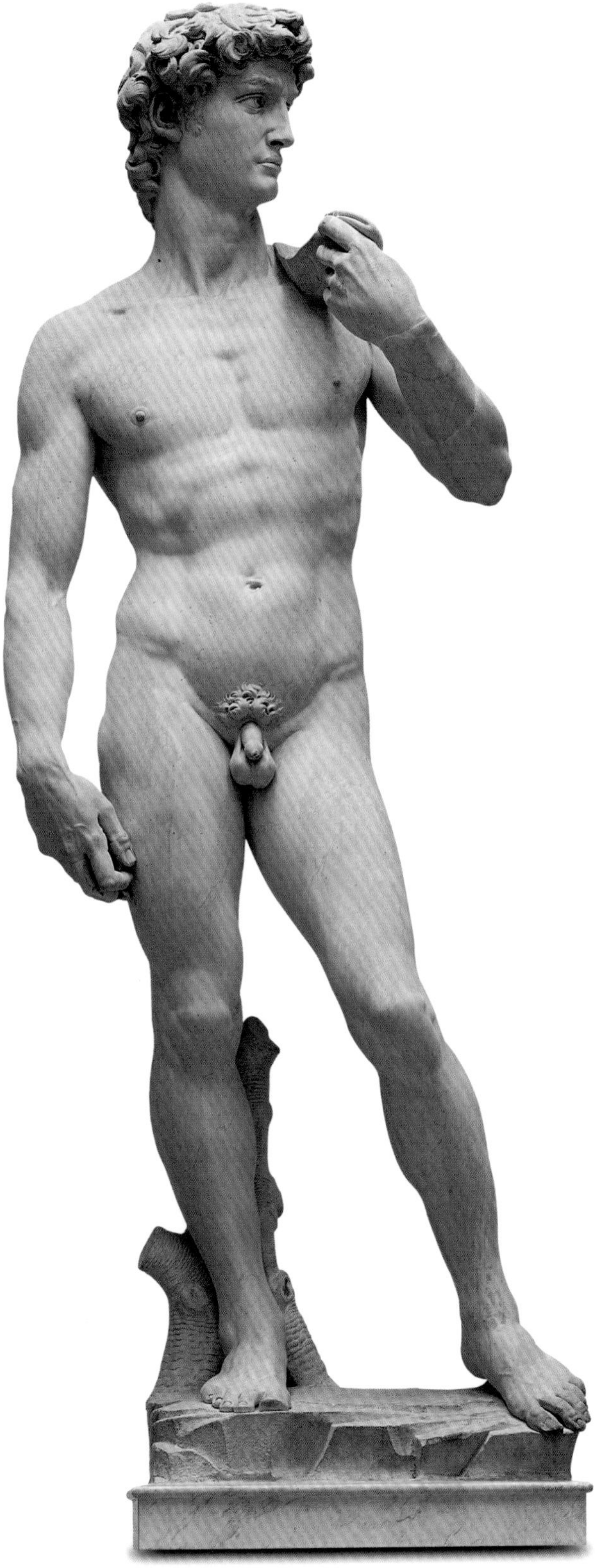

目录

简介

米开朗琪罗·博纳罗蒂被公认为有史以来最伟大的艺术家之一。他的职业生涯从佛罗伦萨文艺复兴时期的辉煌及新世界的发现，延续到反宗教改革的萌芽时期。米开朗琪罗活了近 89 岁，是大多数同时代人的两倍。在他的生命里，他见证了 13 位教皇，并为其中的 9 位工作过。虽然他的艺术偶尔会受到批评（例如，他的《最后的审判》被认为不得体），但他的地位和影响力却很少受到质疑。他的许多作品，包括《哀悼基督》《大卫》《摩西》和西斯廷教堂天顶画，都是无处不在的文化象征。尽管米开朗琪罗的艺术作品为人熟知，并且有大量的文献记载，但他的艺术和生活的许多方面仍然有着很大的诠释空间。只有出生于米开朗琪罗卒年的莎士比亚，才有着能与之相提并论的对学术作品和流行文学的影响力。

在文艺复兴时期所有的艺术家中，大众对于米开朗琪罗的了解最为深入。他是有史以来被记录最多的艺术家之一。米开朗琪罗是一位雕塑家、画家和建筑师，也是一位多才多艺的诗人、制图员和通讯员。现今仍然存有的资料包括大约 300 首诗和 600 幅图画、来自他的近 1400 封信件以及 300 多页的个人和专业记录（*ricordi*）。这些丰富的信息为我们观察他的生活以及他与家人、朋友、赞助人和专业人员的关系提供了全新的视角。

米开朗琪罗既是艺术家又是贵族。他热忱地相信他的家族有着古老而高贵的血统，是卡诺萨伯爵的后裔。对他的贵族地位的信仰激发了他终身改善家庭财务状况和社会地位的雄心壮志。米开朗琪罗的雄心壮志在他的写作和着装上均有体现，同时也表现在他对于兄弟和侄子的频繁训诫中，以期许他们的行为方式与他们高尚的社会地位相符。

这样炫目的个人生活是绝佳的猎奇素材，被艺术家本人和当时的传记作家所津津乐道。对米开朗琪罗的艺术和生活的浪漫诠释比比皆是，即使在我们这个理性的时代，他仍然是一个笼罩着神秘色彩的人物。事实上，许多人对米开朗琪罗的主要印象可能都来自于欧文·斯通的极受欢迎的小说《痛苦与狂喜》。例如，人们往往认为米开朗琪罗独立完成了所有作品，而事实显然并非如此。还有人说他是同性恋者，这也许是真的，但却远远无法解释这个男人复杂而压抑的激情。他的女性角色经常被批评看起来像男人。然而，这种对于缺乏女性美的预设，使一些观众对西斯廷教堂天顶画上许多温柔女性的描绘以及尤利乌斯二世陵墓上利亚的绝美形象视而不见。的确，米开朗琪罗在男性裸体中有着更自由地发挥。然而，人们只需要观察美第奇小圣堂的《昼》中夸张的肌肉组织，或是《胜利者》中不可思议的延展和奇异的扭曲，就会发现人体——无论是男性还是女性——都是米开朗琪罗艺术表达的主要舞台。

我发现人们常常分不清米开朗琪罗和达·芬奇，包括他们的作品、生活故事，乃至个人特征：他们当中哪位的鼻子被打坏了？哪位是左撇子？在某些时候，对于这些文艺巨匠，我们往往混淆了他们的生活，并在无意中将许多凌乱的信息附会到他们的传奇之中。如今的广告通过不分青红皂白地利用艺术家的形象来销售葡萄酒、意大利面、鼠标垫、牙膏、卫生纸以及前往意大利的旅行，加剧了这种混乱。由于这些普遍存在的形象，本书中的许多作品都会让我们感到很熟悉。但无论我们对米开朗琪罗的创作有多熟悉，这些作品仍然令人沉迷和惊叹。本书为一个非凡而有趣的人描绘了一幅生动的肖像。

前页：《圣安东尼的折磨》，米开朗琪罗已知的第一幅画作。

一个非同寻常的开始

米开朗琪罗·博纳罗蒂于 1475 年 3 月 6 日出生在卡普雷塞小镇，这个小镇位于亚平宁山脉中的托斯卡纳乡村。他的父亲洛多维科·博纳罗蒂是佛罗伦萨的一名小官员，同时也兼任卡普雷塞小镇和丘西附近的另一个小镇的行政长官（*podestà*）。在六个月的任期后，洛多维科回到了佛罗伦萨，在俯瞰整个城市的塞蒂尼亚诺小村庄里，他们家拥有着一个农场。这儿周围的小山上遍布着采石场，米开朗琪罗就是在这样一个地方长大，并第一次接触到了石雕艺术。由于来自一个高贵且自负的家族，米开朗琪罗顺理成章地上过一小段时间的拉丁语学校，但他从未熟练地掌握这门广泛用于学术、商业及宗教的国际语言。

米开朗琪罗的家族有着古老而高贵的血统。根据当时富有想象力的家谱记载，博纳罗蒂家族自称是中世纪卡诺萨伯爵的后人，这个显赫的家族曾出过著名的玛蒂尔达伯爵夫人。玛蒂尔达是一位具有神话地位的人物，她有着教皇保护者的身份，并且曾对伦巴第、艾米利亚－罗马涅以及托斯卡纳广阔领土上的教堂进行过慷慨捐赠。她在但丁的《神曲》中占据着突出地位，并被认为是佛罗伦萨特殊的女守护神。

我们无法确定米开朗琪罗是否曾造访过卡诺萨，但卡诺萨辉煌的历史是他家族历史的一部分。他曾画过一个理

前页：《卡诺萨伯爵》副本，原画已丢失。米开朗琪罗可能将其寄给了一位亲戚，即卡诺萨的亚历山德罗。

上图：卡普雷塞景观，位于意大利多山的卡森蒂诺地区。

想化的战士头像，这幅头像可能是他送给当时的卡诺萨伯爵亚历山德罗的礼物，恭维他为新的亚历山大大帝。后来，卡诺萨伯爵曾来罗马看望米开朗琪罗这位“亲戚”，而米开朗琪罗也自豪地向他的侄子讲述过这次经历。这种对家族血统的浓厚兴趣在当地非常常见。佛罗伦萨人对家谱展现了极大的兴味，他们许多现存的回忆录显示了强烈的家族血统认同感。然而值得注意的是，在米开朗琪罗之前，很少有艺术家这样宣扬过自己的家族历史。

我们现在怀疑米开朗琪罗与卡诺萨的关系是否真实已不再重要，因为这位艺术家本人和他同时代的人都坚信这一事实。当塞巴斯蒂亚诺·德·皮翁博得知他这位朋友的家族渊源时，激动地说：“这多么光荣啊，它一定会让你激情澎湃。”一位不具名的早期传记作者则明确地陈述道：“米开朗琪罗，洛多维科·博纳罗蒂·西蒙尼的儿子，佛罗伦萨人，有着高贵且最为古老的血统。”最为重要的是，他的血统在阿斯坎尼奥·康迪维为他书写的传记开篇得到了着重肯定：“米开朗琪罗·博纳罗蒂，杰出的雕塑家和画家，他的家族有着优秀的品质、古老的历史以及与皇室的联系，其家族的源头可以追溯到拥有雷焦领地的、高贵而显赫的卡诺萨公爵。”

米开朗琪罗在 1546 年写信给侄子时，曾宣称“我们出身于最高贵的家族之一”。在信的结尾，他承诺“等我有空的时候，我会给你讲述我们家族的起源，关于我们何时从何处来到佛罗伦萨”。在米开朗琪罗的支持下，康迪维的传记于 1553 年出版，帮助米开朗琪罗完成了对侄子的承诺。康迪维在开篇用了大量篇幅叙述其家族的起源，随后详尽地描述了其家族盾徽。尽管许多佛罗伦萨家庭拥有盾徽，但这对艺术家而言却极为鲜见。

通常来说，艺术家们不仅没有盾徽，许多甚至没有正式的姓氏。艺术家们往往有不同的姓氏来源，有些是他们父亲的名字，有些是他们的职业或他们的出生地，例如米开朗琪罗同时代的两位名人：莱奥纳多·达·芬奇和乔尔乔内·达·卡斯特佛兰克。而拥有姓氏本身就是一种地位的象征，因此米开朗琪罗对自己的姓氏感到极为自豪。1526 年之后，他停止使用原先的签名“雕塑家米开朗琪罗”，而改为使用他的家族姓氏全称（*nome della casa*）。同样，他建议他的侄子同时使用父亲姓名和家族姓氏签署信件：莱昂纳多·迪·博纳罗托·博纳罗蒂·西蒙尼。

卡普雷塞

卡普雷塞，如今被称作“卡普雷塞－米开朗琪罗”（Caprese-Michelangelo），位于佛罗伦萨以东 90 公里处，如果骑马或骡子走曲折的山路，这段行程并不短。这座小镇由几座石头房屋组成，横跨一段亚平宁山脉，俯瞰着卡森蒂诺山谷郁郁葱葱的景观。图中所示为行政长官的房子，即米开朗琪罗出生的地方，一层是一个马厩，沿着屋外的楼梯，可以通往二层的那几间潦草布置的房间。米开朗琪罗的父亲洛多维科的管辖范围包括丘西小镇（Chiusi），这座小镇因离拉韦尔那（La Verna）很近而被人所知，而拉韦尔那是圣弗朗西斯（Saint Francis）得到圣痕的圣地。

下页上图：《佛罗伦萨全景图》（*Carta della Catena*）副本，描绘了大约 1470 年前后的佛罗伦萨。

下页下图：皮得罗·达·科尔托纳（*Pietro da Cortona*）在米开朗琪罗故居博物馆的壁画，展示了博纳罗蒂接受作为其家族盾徽一部分的美第奇球（*palla*）。

佛罗伦萨文艺复兴时期的世界

现代性的许多根源都来自于公元1300年至1700年间意大利发生的深刻变化。当时繁荣的佛罗伦萨大都会位于伟大的文艺复兴的中心地带，从古希腊和古罗马吸取了相当多的灵感。从对银行业的监管到文化教育和文艺的迅速传播，一个新的世界由此崛起。这座城市的建筑需要众多技艺精湛的工匠，例如那些来自于米开朗琪罗家乡塞蒂尼亚诺村（Settignano）的雕塑家和石匠。作为这座城市著名的子民，米开朗琪罗曾经调侃道，他之所以学会了雕刻，是因为他是由一位石匠的女儿哺育长大，而这位女士的丈夫恰好也是位石匠。

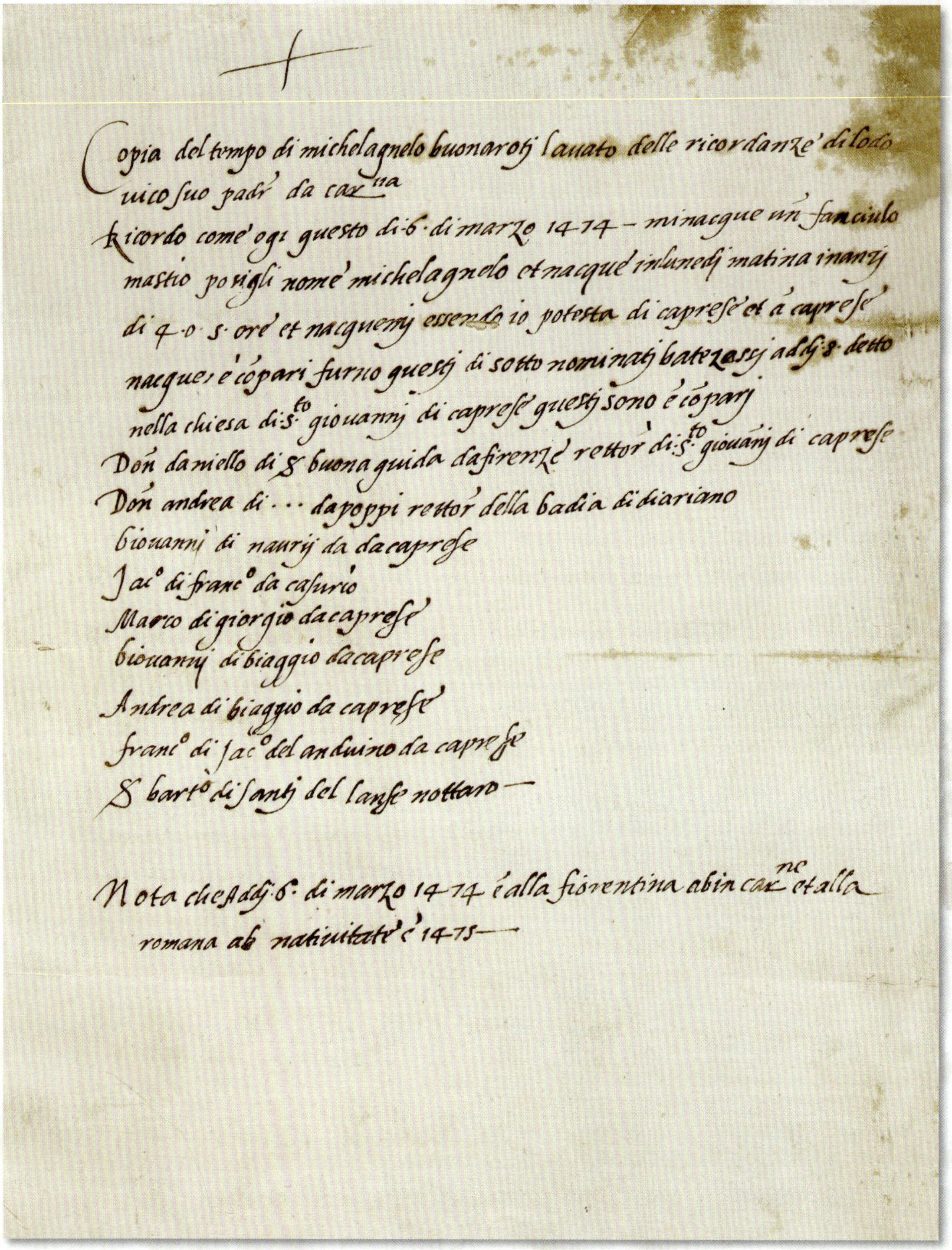
Copia del tempo di michelagnelo buonarotj cauato delle ricordanze di lodo
uico suo padr da carta
Ricordo come ogi questo di 6 di marzo 1474 – mi nacque un fanciulo
mastio posigli nome michelagnolo et nacque in lunedj matina inanzj
di 4 o 5 ore et nacquemj essendo io potesta di caprese et a caprese
nacque, e copari furno questj di sotto nominatj batezossj adj 8 detto
nella chiesa di s.to giouanni di caprese questj sono e coparj
Don daniello di S. buona guida da firenze rettor di s.to giouanj di caprese
Don andrea di . . . da poppi rettor della badia di diariano
Giouanni di naurj da da caprese
Jac.o di franc.o da casurio
Marco di giorgio da caprese
Giouannj di biaggio da caprese
Andrea di biaggio da caprese
Franc.o di Jac.o del anduino da caprese
S. bart.o di santj del lanse nottaro —
Nota che adj 6 di marzo 1474 e alla fiorentina ab incarne et alla
romana ab natiuitate e 1475 —

上图：米开朗琪罗的父亲于 1474 年 3 月 6 日（按现代历法为 1475 年）为其子所做的出生记录（*ricordanza*）副本，并附有米开朗琪罗在卡普雷塞圣乔瓦尼教堂（San Giovanni in Caprese）受洗时的见证人名单。

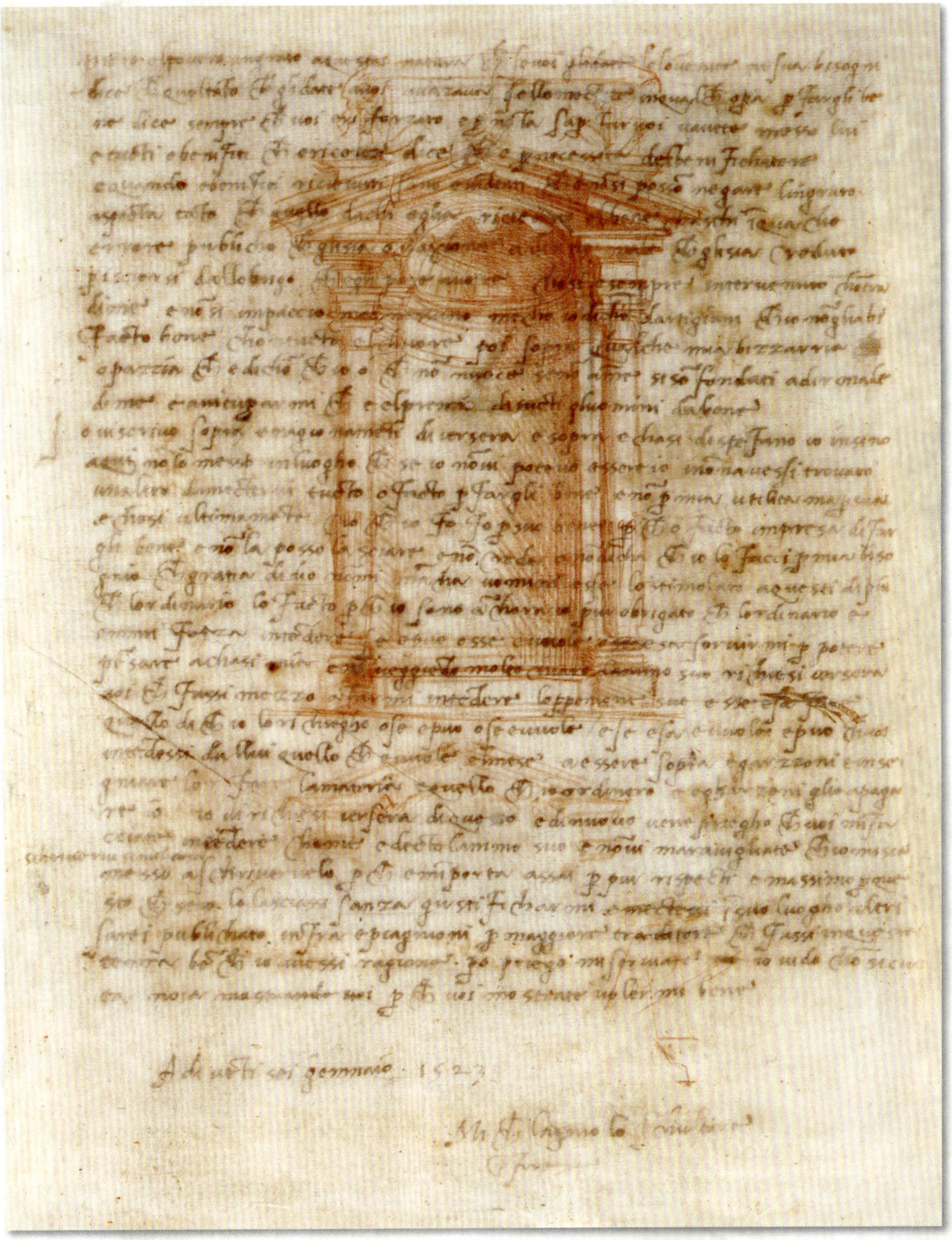

上图：米开朗琪罗致皮耶罗・贡迪（Piero Gondi）的信，落款于 1523 年 1 月 26 日（按现代历法为 1524 年）。在这封信的背面（*verso*），米开朗琪罗用红色粉笔画了一个侧壁有凹陷的神龛，与他现今在佛罗伦萨的美第奇小圣堂的设计有着紧密联系。

上图：米开朗琪罗早期的大理石浮雕作品《半人马之战》，为其年轻时在美第奇家居住期间所作。

下页：米开朗琪罗的《楼梯旁的圣母》，属于其早期浮雕作品。

基尔兰达约的学徒

米开朗琪罗的父亲很自然地反对儿子的艺术爱好，因为绘画和雕塑被认为是手工艺劳动，并且是一种低等的职业。在父子之间不可避免的意志斗争之后，洛多维科终于默许了儿子的兴趣，并成功地将儿子安排给佛罗伦萨最有名的画家当学徒。米开朗琪罗在跟随多梅尼科·基尔兰达约当学徒的生涯中获益良多，但他绝不是一名天生的艺术家，尽管他贫穷的家族人脉很广。

通过米开朗琪罗的祖母，博纳罗蒂家族与美第奇家族有着远亲关系。美第奇家族是佛罗伦萨实际上的统治者，同时也是文艺复兴时期最主要的艺术赞助人。正如一般人的做法那样，洛多维科·博纳罗蒂凭借这种遥远的家族关系，为他的儿子谋得了一个美第奇随行人员的职位。在庞大的美第奇家族中，米开朗琪罗得以与许多那个世纪最有学问的人接触，包括马尔西利奥·菲奇诺、安杰洛·波利齐亚诺、克里斯托福罗·兰迪诺、皮科·德拉·米兰多拉，以及当时最有影响力的艺术赞助人，被称作“伟大的洛伦佐”的洛伦佐·德·美第奇。受到这个知识分子圈子的影响，米开朗琪罗创作了可能是他的第一批独立艺术作品（《楼梯旁的圣母》和《半人马之战》），但他在美第奇家族中最主要的收获，是开始接受了人文主义教育。米开朗琪罗作为书信写作者和诗人的技巧，以及他微妙的思想，彰显了这段时光对他产生的影响。

尽管米开朗琪罗的家族与美第奇家族的联系并不紧密，但这层关系还是为他打开了人生的大门。这位 15 岁的年轻

多梅尼科·基尔兰达约（1448[①]—1494）

多梅尼科·基尔兰达约（Domenico Ghirlandaio）在佛罗伦萨经营了一个非常成功的大型工作室（*bottega*）。在这里，米开朗琪罗通过蛋彩画和壁画学习了绘画的基本原理。尽管米开朗琪罗后来并不承认从基尔兰达约那里学到了多少东西，但他的早期绘画和他的第一批油画作品（《圣家族》和《西斯廷教堂天顶画》）还是充分表明了这位年轻的学徒优秀地完成了课程。在米开朗琪罗跟随基尔兰达约的时期（约1487[②]年至1490年），基尔兰达约正在完成他的杰作，即新圣母马利亚教堂（Santa Maria Novella）中托纳波尼小圣堂（Tornabuoni Chapel）的场景壁画。

人在美第奇宫度过了他生命中最幸福的两年：他被洛伦佐的人文主义圈子所环绕，同时身边还有另外两名与他年龄相仿的年轻人，乔瓦尼和朱利奥·德·美第奇。这两个享有特权的年轻人之后成了教皇利奥十世和克莱门特七世，也是之后米开朗琪罗的赞助人。利奥十世后来提及米开朗琪罗时带着"兄弟"的熟知和感情，因为他们两人曾一同被养育（*nutriti insieme*）成人。同样地，人们将米开朗琪罗称作克莱门特七世的"兄弟"，也并不是一种奉承之语，而是对米开朗琪罗与美第奇的特殊关系的心照不宣。米开朗琪罗自年轻时就与许多具有财富和声望的人物建立了深厚联系。

当然，我们主要还是通过米开朗琪罗本人来了解他的童年和青年生活。他的传记作家乔治·瓦萨里和阿斯坎尼奥·康迪维根据米开朗琪罗所回忆和口述的五十年前发生的事，记录下了他讲述的内容。他们记述了关于米开朗琪罗的一系列引人入胜的故事。在他们写作的时代，米开朗琪罗是世界上最著名的艺术家。他们以春秋笔法描述了这段历史，故事中的主人公是一个早熟的天才，他很少或根本没有接受过正规训练，同时他的艺术热情受到了父亲的打击，但是他受到了洛伦佐·德·美第奇的鼓励，成功地突破万难，创造出了许多完美的杰作。如此非凡的英雄事迹的确扣人心弦，并且可能大部分都符合实情，但我们也可以推测，有着卓越成就的米开朗琪罗自然会粉饰一下过去的事件，从而忽略了一些平庸的细节。

当洛伦佐于1492年去世时，米开朗琪罗失去了赞助人，同时也失去了固定收入。但他并不想加入或开设一个工作室，以传统艺术家的方式谋生，而是选择耐心等待，期待着有一位新的赞助人出现。

上图：新圣母马利亚教堂的主合唱团小圣堂一角，其中有多梅尼科·基尔兰达约的壁画装饰。

下页：米开朗琪罗通过临摹前辈大师来学习，如图中所示的硬笔画作，临摹的是在佛罗伦萨圣十字大教堂（Basilica of Santa Croce）的佩鲁奇小圣堂（Peruzzi Chapel）中，乔托（Giotto）壁画左部的人物。

---

① 编者注：也有资料称，多梅尼科·基尔兰达约出生于1449年。

② 编者注：乔治·瓦萨里所写的传记中认为米开朗琪罗约于1488年开始跟随基尔兰达约。

米开朗琪罗和农牧神头像

关于米开朗琪罗的最受欢迎的故事之一，是他在美第奇雕塑花园中雕刻一个农牧神头像时，洛伦佐·德·美第奇第一次注意到了这个年轻人的故事。洛伦佐喜欢戏弄这个早熟的男孩，并且邀请米开朗琪罗住在美第奇宫，在宫中，他被当作“儿子”对待。实际上，米开朗琪罗在加入美第奇家庭时已至少15岁，业已成年。然而，大多数传记作家想象中的他，都是比其实际年龄小得多的小男孩（*fanciuletto*），这种印象也影响了雕刻上图这一想象中的场景的十九世纪雕塑家。

前页：米开朗琪罗正在雕刻一个农牧神的头像，图中的雕塑是 19 世纪艺术家埃米利奥・佐基（Emilio Zocchi）所想象的场景。

上图：乔托的《圣约翰升天》壁画的细节，位于圣十字教堂的佩鲁奇小圣堂。

博洛尼亚

在洛伦佐于1492年去世之后的两年间，洛伦佐的儿子皮耶罗·德·美第奇，傲慢且令人难以忍受，他滥用权力，挥霍了佛罗伦萨民众的善意，终于，民众对于美第奇家族的敌意逐渐产生。当美第奇家族最终于1494年被驱逐出佛罗伦萨时，米开朗琪罗的利益也受到折损。他选择追随他的赞助人前往附近的博洛尼亚，尽管对一位有抱负的雕塑家来说，前往罗马会更为合适，就像他的前辈多纳泰罗和布鲁内莱斯基那样。然而，米开朗琪罗却选择坚持追随赞助人，无论当时的情况如何窘困。

根据康迪维的记述，米开朗琪罗曾因非法进入博洛尼亚被罚款并拘留。据说，一位名为焦万·弗朗切斯科·阿尔多瓦兰迪的博洛尼亚贵族，"认出了他是一位雕塑家"，并帮助他获释。五十多年后，在向康迪维讲述这件事时，米开朗琪罗自然而然地将这件事归类为个人轶事，而没有提到其背景。阿尔多瓦兰迪是一位有教养的绅士，也是博洛尼亚统治精英组织（"十六人"）的成员，并且与美第奇家族有着紧密的联系。米开朗琪罗很有可能是带着介绍信来到博洛尼亚的，就像他两年后做了充足的准备前往罗马时一样。皮耶罗·德·美第奇及其家庭成员在1494年也在博洛尼亚临时避难，这不仅仅是巧合。

有将近一年的时间，米开朗琪罗是阿尔多瓦兰迪家的门客。他之所以能获得这个身份，主要是因为他与美第奇家族的关系。米开朗琪罗将但丁和彼特拉克的诗读给阿尔多瓦兰迪听，而阿尔多瓦兰迪很欣赏这位年轻人的托斯卡纳口音，以及他在成为美第奇随行人员时磨炼出的奉承技巧。作为回报，这位博洛尼亚绅士安排米开朗琪罗为博洛尼亚最重要的朝圣纪念碑——圣多米尼克的陵墓——雕刻一些人物。这座建筑在十三世纪由尼古拉·皮萨诺开始雕刻，并由尼科洛·德尔·拉尔卡接手，直到后者于1494年

吉罗拉莫·萨沃纳罗拉（1452—1498）

吉罗拉莫·萨沃纳罗拉（Girolamo Savonarola）出生于费拉拉城（Ferrara），在1475年经历了突然的信仰转变之后，进入了博洛尼亚的多米尼克派修道院。1491年，他成为佛罗伦萨圣马可（San Marco）的先行者，并作为一名有魅力的传教士，迅速获得了的追随者。米开朗琪罗在佛罗伦萨大教堂（*duomo*）的人潮涌动之中，听到了修道士的世界末日讲道和可怕的预言。许多年后，米开朗琪罗告诉康迪维，"我总是对萨沃纳罗拉有很强烈的感情，其声音仍然存在于我的记忆中"。萨沃纳罗拉最终于1498年5月23日在佛罗伦萨的领主广场（Piazza della Signoria）被放逐并被烧死（如上图所示）。

前页：在1492年洛伦佐·德·美第奇去世后，米开朗琪罗为佛罗伦萨的圣神教堂（Santo Spirito）雕刻了这个木质十字架。

前页：米开朗琪罗为博洛尼亚的圣多米尼克陵墓而雕刻的天使大烛台。

上图：博洛尼亚圣多米尼克教堂的圣多米尼克大理石墓（*arca*），由尼古拉·皮萨诺开始，并由尼科洛·德尔·拉尔卡和米开朗琪罗完成。

德西迪里厄斯·伊拉斯谟（1466—1536）

萨佛纳罗拉宣扬反对佛罗伦萨人的奢侈、罪恶和世俗，因而含蓄地谴责了我们称之为人文主义的文学和哲学。其中一位伟大的国际人文主义学者是荷兰神学家德西迪里厄斯·伊拉斯谟［Desiderius Erasmus，上图为汉斯·荷尔拜因（Hans Holbein）为其所绘肖像的细节］，他是一位涉猎广泛的学者和一位高产的作家。伊拉斯谟在意大利度过了三年（1506—1509），想象米开朗琪罗在博洛尼亚或威尼斯和他相遇是件很有趣的事。然而，他们活跃于不同的圈子里，并且最重要的是，米开朗琪罗从未熟练掌握拉丁语，而伊拉斯谟和他的许多人文主义朋友和同僚所使用的正是这门国际语言。

去世。至此，这个巨大的建筑体仍然缺少一些小雕像和一个祭坛烛台。在一年多的时间里，米开朗琪罗雕刻了三个小雕像。按照尼科洛所留下的模型，他雕刻了一个半跪着的天使。这是他的诸多作品中最惹人喜爱的人物之一，成功地模仿了上一任雕刻家的优雅风格。年轻的天使跪在一块看起来是被截断的柱顶线盘上，他抬起右膝支撑着沉重的古典风格烛台。与尼科洛所雕刻的更为中性的天使不同，米开朗琪罗的雕像虽然体积较小，但明显具有男性的特征并显得健壮。米开朗琪罗生动地雕刻了张着的嘴巴、厚厚的头发、粗壮的翅膀上分层的羽毛、布料柔软的褶皱，可见他作为大理石雕刻大师的技巧初露端倪。

另外两个小雕像是两尊站立的人物，是博洛尼亚当地圣徒彼得罗纽斯和普罗克洛斯，每尊人像高约半米（20英寸）。圣彼得罗纽斯作为博洛尼亚的守护圣徒，手捧着城市的模型。这座微缩的博洛尼亚城有着奇妙的立体主义构图，同时也是城市最著名地标的速写，包括了带有徽章的墙壁，以及但丁的《地狱》（第三十一首，136—138行）中所描写的著名斜塔。圣徒粗糙的脸衬着布料的褶皱，布料一直垂落到他的脚下，他的双脚在衣服飘动的下摆里若隐若现。

圣普罗克洛斯的雕像有着好斗的容貌，呼应着之后的

《大卫》《摩西》《布鲁图》中相似的面部表情，赋予了该人物独特的人格和年轻士兵圣徒的性格。雕像的右手呈现出准备就绪的姿势，他的披肩挂在左肩上，身体和头部的曲线多次扭转，这些细节都进一步表现了雕像大胆的动态。这些雕像虽然体积较小，但这些人物生动的表情和均衡构图（*contrapposto*）预示着米开朗琪罗未来几年里将雕刻出更为雄心勃勃的作品，如《酒神巴克斯》《圣马太》和《大卫》。

博洛尼亚以其大学而闻名，吸引了来自欧洲各地的学者，包括伟大的荷兰神学家伊拉斯谟。然而，这座城市及其著名的大学对米开朗琪罗却鲜有助益。大约在一年后，米开朗琪罗于 1495 年回到佛罗伦萨，发现自己的家乡正处于脾气火爆的多米尼克派传教士吉罗拉莫·萨沃纳罗拉的统治之下。

第一个杰作

在1496年，21岁的米开朗琪罗第一次来到罗马。他带着介绍信，拜见了红衣主教拉法埃莱·里亚里奥，这位红衣主教在罗马的财富和权势仅次于教皇。红衣主教里亚里奥拥有许多文物收藏品，而且这批藏品的数量还在迅速增长，为米开朗琪罗第一次广泛接触古典艺术提供了条件。米开朗琪罗显然陶醉其中。当时主教给了米开朗琪罗一块大理石，并邀请他“展示自己的才能”。当时米开朗琪罗的职业生涯已经有了很大程度的发展。得益于一小批雕像，他成功地周旋于一个由富有且有影响力的赞助人所组成的紧密网络。罗马的高度期望对于米开朗琪罗来说是一种挑战，但他勇敢地抓住这一雕刻比真人体积还大的大理石的机会，创造了《酒神巴克斯》。从某种意义上说，这座雕像是米开朗琪罗目前为止非正统的教育经历的一种集合：他在洛伦佐·德·美第奇圈子里受到的古典浸润、他对文物雕塑的模仿和再创造，还有他对“永恒之城”的初体验。

尽管米开朗琪罗在他年轻的职业生涯的前六年已积累了经验，但《酒神巴克斯》的夺目成就还是颇为出人意料。虽然雕塑是否真的赏心悦目还存在争议，并且雕塑同时具有一些优秀品质和缺陷，但我们都必须承认它是一个大师级别的成就。有了这件作品，这位22岁的艺术家作为一名才华横溢的大理石雕刻师，获得了公众的广泛认可。

对于许多在现场观赏的人来说，《酒神巴克斯》是个令人不适的雕像，甚至惹人生厌。它身上几乎没有那种我们通常与米开朗琪罗或古典文物联系在一起的英雄气概和理想品质。他受到古代艺术的启发，却不仅仅是依样画葫芦。在当代意义上的艺术模仿（imitatio）中，他重新创造了文物，并且几乎比过去所有的经典作品更成功。米开朗琪罗的《酒神巴克斯》完全可以被视作一个希腊化的雕塑，即使与著名的古代作品《贝尔维德雷的阿波罗》（*Apollo Belvedere*）并置也不显突兀。这两件作品尽管精神内涵上颇有差异，但其雕刻技术和风格特征如出一辙。

红衣主教拉法埃莱·里亚里奥（1461—1521）

米开朗琪罗在罗马的第一位赞助人便是红衣主教拉法埃莱·里亚里奥。主教出身普通家庭，却因与德拉·罗韦雷家族（della Rovere）结为姻亲而崛起。拉法埃莱的叔叔教皇西克斯图斯四世（Pope Sixtus IV）授予他圣职，并在1477年任命他为红衣主教。西克斯图斯建造了西斯廷教堂并用自己的名字命名，他同时也是未来的教皇尤利乌斯二世（Pope Julius II）朱利亚诺·德拉·罗韦雷（Giuliano della Rovere）（1457—1501）的叔叔，后者委任了米开朗琪罗绘制西斯廷教堂的天顶画。

前页：米开朗琪罗的大理石雕塑《酒神巴克斯》。

上图：梅洛佐·达·福尔利（Melozzo da Forlì）的壁画，画中红衣主教里亚里奥（中）站在他坐着的叔叔教皇西克斯图斯四世（Pope Sixtus IV）面前。

上图：红衣主教里亚里奥拒绝接受《酒神巴克斯》后，它被放置在银行家雅各布·加洛（Jacopo Gallo）的花园里，荷兰艺术家马尔滕·梵·海姆斯凯克（Maarten van Heemskerck）将其绘成画作。

下页：被称为《贝尔维德雷的阿波罗》的大理石雕像是教皇在梵蒂冈的贝尔维德雷庭院中展示的古代文物的核心作品。

雕像中这位古老的葡萄酒之神似乎太过沉迷于神圣的琼浆玉液，这是他赐予人类的礼物。他绵软、柔韧的身体摇摇晃晃，甚至行动笨拙，严重破坏了古典惯例中的对称原则。他那不稳定的姿态、懒洋洋的脑袋、晃动的酒杯，突出了他令人不安的不平衡感。为了避开酒神那不稳定的动态，我们将视线转到侧面，进而环视雕塑的四周。从许多角度来观看这座雕塑都能有很好的效果，每个角度都给我们提供了新的惊喜，例如那顽皮的萨堤尔（satyr），摆着和酒神对称的姿势，一边偷着酒神的葡萄，一边顽皮地对人们微笑。

随着我们继续环视这座雕塑，我们渐渐头晕目眩，直到我们接近酒神那微醺的状态。随着我们的移动和观察，我们无意中模仿着这件艺术品，行为和感受都被酒神的醉意所感染。酒神通过微笑和他略微旋转的头部，向我们投来神圣的一瞥。

《酒神巴克斯》兼具了人、兽、神的特性，在清醒和神圣的酒醉之间保持着平衡。对我们来说，这是一个崭露头角的天才所写就的精彩篇章，但我们可以想象为什么当时教会的高级主教拉法埃莱·里亚里奥认为它难登大雅之堂。

贝尔维德雷的躯干

这个古老的雕塑碎片是赫拉克勒斯的躯干（上图），从十五世纪初开始被收入科隆纳系列（Colonna collection）。在十六世纪初期，它成为教皇的收藏，并在贝尔维德雷庭院（Belvedere，现为梵蒂冈博物馆的一部分）展出，并因此得名。米开朗琪罗尤为推崇这座雕像，鉴于此雕像残缺不全，这或许令人惊讶。然而，它不完整的状态可以任由艺术家的想象力驰骋，用无数种姿态对其进行再创造，正如他在西斯廷教堂天顶画上极富创造力地绘制的那 20 个裸体青年（*ignudi*）。

《哀悼基督》

米开朗琪罗于 1498 年受位高权重的法国红衣主教比耶尔委任而创作《哀悼基督》(*Pietà*，又译《圣殇》《圣母怜子》)。如此突然地，米开朗琪罗便获得了这个难得的机会，为一位重要的外国赞助人在罗马圣彼得大教堂的一个引人注目的位置创作一件不朽的宗教作品。

《哀悼基督》无疑是米开朗琪罗最受欢迎的作品之一。我们有充分的理由钦慕这件由一块巨大的大理石奇迹般地转变而成的超大尺寸的双人雕塑。然而，《哀悼基督》不仅仅是一件艺术品，也是对圣母和基督的动人描绘，是对一位母亲的丧子之痛的深情刻画。这件雕塑目前被摆放在圣彼得大教堂的一个高基座上，远远地在防弹玻璃后面展出。远远望去，它显得珍贵、玲珑、宛若珠宝，但这与米开朗琪罗本来的意图以及这座雕像原本的安放方式完全不同。最初，这座被设计为红衣主教陵墓标志的大型雕塑，很可能被放置在一个低矮的底座上，置于一块墓碑之后。然而，这位红衣主教在看到雕塑完成之前就已过世，随后雕塑所在的小教堂为了给新的圣彼得大教堂腾出空间而被拆除，使得红衣主教有失尊严地被迫与这一墓碑标志分开。在《哀悼基督》漫长的漂泊岁月中，它从对死亡的深刻沉思物，变成了观光客的朝圣地。而它仍在不停地创造奇迹，始终保留着它那动人的力量。

我们的目光自然地汇聚到圣母身上，她可亲的面容交替呈现着悲伤、安详、爱和渴望。她外在表情的平和显示着她内心的宁静，因为她比我们更加明白，被她抱在怀中的是上帝之子。此外，她的宁静更坚定地预示了基督最终将战胜死亡。但是，我们这样用目光去打扰一位哀恸的母亲，去玩味基督之母的表情，是否合适呢？事实上，圣母斜低着头，避开了我们的目光，将自己的悲伤隐藏起来。她回避的目光和左手的姿势，优美地传达了她安静的尊严

《哀悼基督》

《哀悼基督》主题（*Pietà* 的意大利语的字面意思是“怜悯”，或译为“圣殇”主题）与“哀悼”有关，《圣经》中这一幕之前的场景便是“耶稣下十字架”(“Descent from the Cross”)，该场景中，哀悼者们围绕着基督的遗体。《哀悼基督》表现的便是这一虔诚的主题。这个主题在欧洲北部（比如图中的例子就来自法国）比意大利更常见，并且相比起文艺复兴时期的艺术，这一主题在拜占庭艺术中有更为广泛的展现。在创造《哀悼基督》这一作品时，米开朗琪罗遵循了他的法国赞助人所熟悉的传统。然而，他的作品体积较大，并用大理石取代木头或石头，来呈现基督的超凡古典之美，以及圣母的庄严、安静与悲伤。

前页：米开朗琪罗的《哀悼基督》，目前被安放在罗马的圣彼得大教堂。

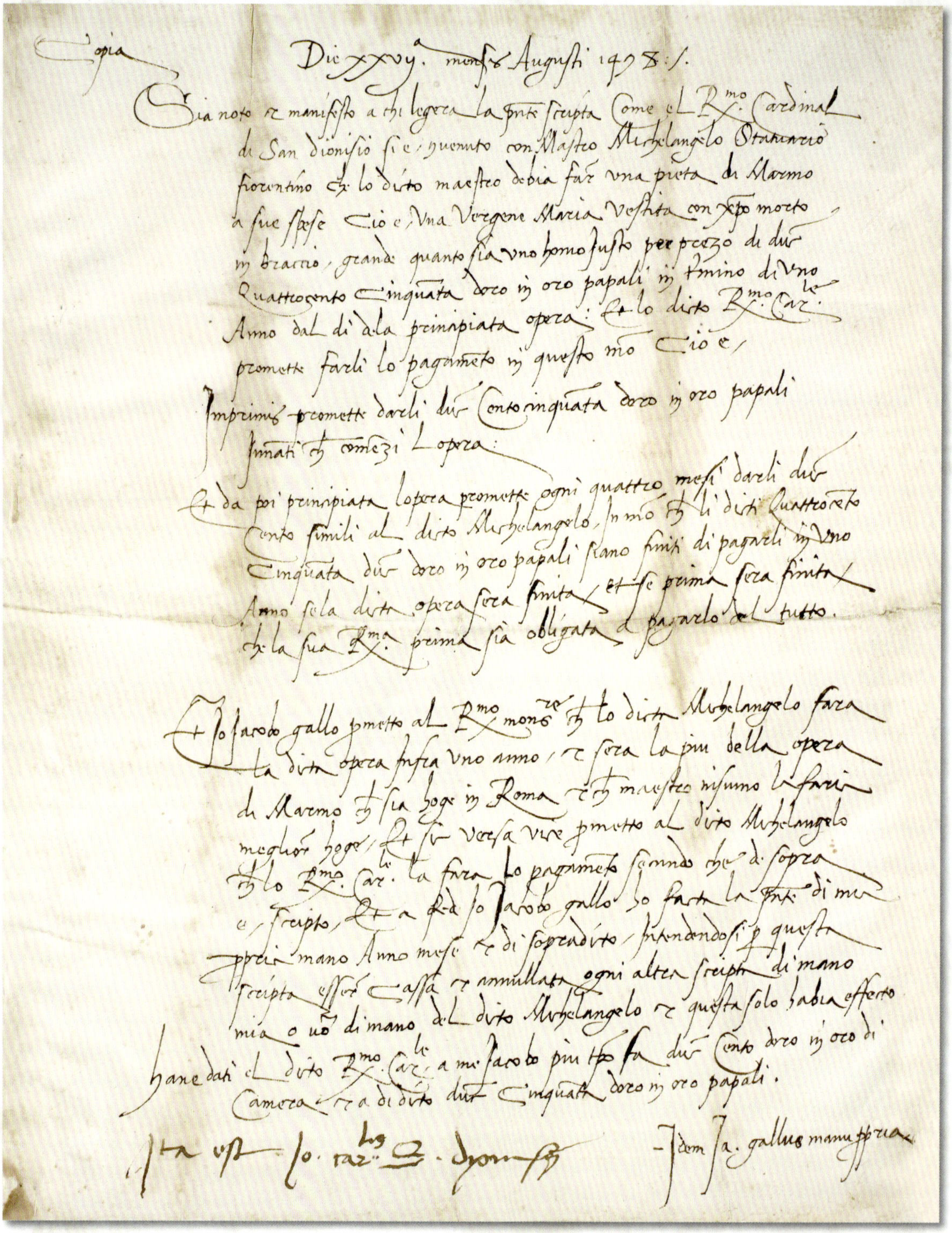
Copia

Die xxvij mensis Augusti 1498.

Sia noto et manifesto a chi legerà la pnte scripta come el R.mo Cardinal
di San dionisio si è convenuto con Mastro Michelangelo statuario
fiorentino che lo dicto maestro debia far una pietà di Marmo
a sue spese cioè una Vergene Maria vestita con xpo morto
in braccio, grande quanto sia uno homo iusto per prezo di duc
Quattrocento Cinquanta doro in oro papali in termino di uno
Anno dal dì dela principiata opera: Et lo dicto R.mo Car.le
promette farli lo pagamento in questo modo cioè,

Imprimis promette darli duc Cento cinquanta doro in oro papali
innanti che comenzi lopera:

Et da poi principiata lopera promette ogni quattro mesi darli duc
Cento simili al dicto Michelangelo, in modo che li dicti Quattrocento
Cinquanta duc doro in oro papali siano finiti di pagarli in uno
Anno se la dicta opera sarà finita; et se prima sarà finita
che la sua R.ma S. prima sia obligata di pagarlo del tutto.

Et Io Jacobo gallo prometto al R.mo mons.re che lo dicto Michelangelo farà
la dicta opera infra uno anno, et sarà la più bella opera
di Marmo che sia hoge in Roma, et che maestro nisuno la faria
meglior hoge. Et sic versa vice prometto al dicto Michelangelo
che lo R.mo Car.le li farà lo pagamento secondo che di sopra
è scripto. Et a fede io Jacobo gallo ho facta la pnte di mia
propria mano Anno mese et dì sopradicto, intendendosi per questa
scripta esser cassa et annullata ogni altra scripta di mano
mia o vero di mano del dicto Michelangelo et questa solo habia effecto
hane dati el dicto R.mo Car.le a me Jacobo più tempo fa duc Cento doro in oro di
Camera et a dì dicto duc Cinquanta doro in oro papali.

Ita est Jo. Car.lis S. Dyonisii — Idem Ja. gallus manu propria

上图：米开朗琪罗雕刻位于罗马的《哀悼基督》的协议副本，由担保人雅各布・加洛（Jacopo Gallo）签署，日期为 1498 年 8 月 7 日。

上图：古代圣彼得大教堂厅堂的内部视图，这座教堂最初是在君士坦丁大帝时期（公元四世纪）建造。米开朗琪罗的《哀悼基督》最初置于教堂左翼的圆形大厅内。

大理石采石场

《哀悼基督》这件作品的不同寻常之处在于，尽管罗马就有大理石，但米开朗琪罗却去了托斯卡纳的卡拉拉（Carrara）寻找新的大理石石材。这块大理石尺寸巨大，纯度超凡。二十五年后，他仍然清晰地记得他找到这块大理石的确切位置。从《哀悼基督》开始，米开朗琪罗有了一个持续一生的习惯：在开始一项雕塑创作之前，他总是喜欢先去造访采石场。这种做法既不经济也不高效，而且可能会适得其反，比如几年之后，他花了几个月的时间为尤利乌斯二世的陵墓挖掘大理石，最后由于他的长期缺席，不耐烦的教皇转而将该项目委任给了别人。

和顺从，告诉我们她的儿子才是我们真正应当注视的对象。

最初被摆放在旧圣彼得大教堂的《哀悼基督》，沐浴在从高处窗户洒下的柔和自然光下。圣母的脸庞笼罩在阴影中，而基督的身体被完全照亮，光线暗示了死去的肉体唯一残存的温暖。圣母怀中是她死去的儿子，也是我们对救赎的希望和对永生的信念。她的凝视和舒展的臂弯将我们的注意力首先引向基督，接着再引向当初那长眠于她面前地下的红衣主教的遗体。《哀悼基督》平易近人又低调持重，它同时兼具着人性和神性。它是意味深长又高雅庄严的陵墓纪念碑，也是动人而虔诚的形象；它更是一个私人纪念碑，让我们反思自己有限的生命。尽管它的位置不断变化，现在的布展照明也较为刺目，《哀悼基督》仍然是有史以来最受欢迎的雕塑之一。

米开朗琪罗的传记作者曾记叙过一个有趣的故事，描绘了米开朗琪罗如何在圣母马利亚胸前的饰带上为他的杰作签下名字。按这个故事的说法，米开朗琪罗无意中听到有两个人对雕塑颇为赞赏，但不确定其作者，从而将其归功于米兰的某个叫戈博的人。愤怒的米开朗琪罗当晚回来就清晰地刻下了“佛罗伦萨人米开朗琪罗·博纳罗蒂所作”。然而，如果仔细查看这条饰带，我们可以确定这句签名并非事后的突发奇想，而是整体雕像设计的一部分。米开朗琪罗很可能一开始就构想着用某种方式签下名字或装点这条饰带。尽管如此，这个故事仍被人们所津津乐道。虽然故事是虚构的，但它捕捉到了关于这一独特作品的重要事实：这件雕塑表现了米开朗琪罗对名望的大胆追求，同时，这也是他唯一刻有签名的作品。

下页：米开朗琪罗《哀悼基督》中圣母的头部细节。

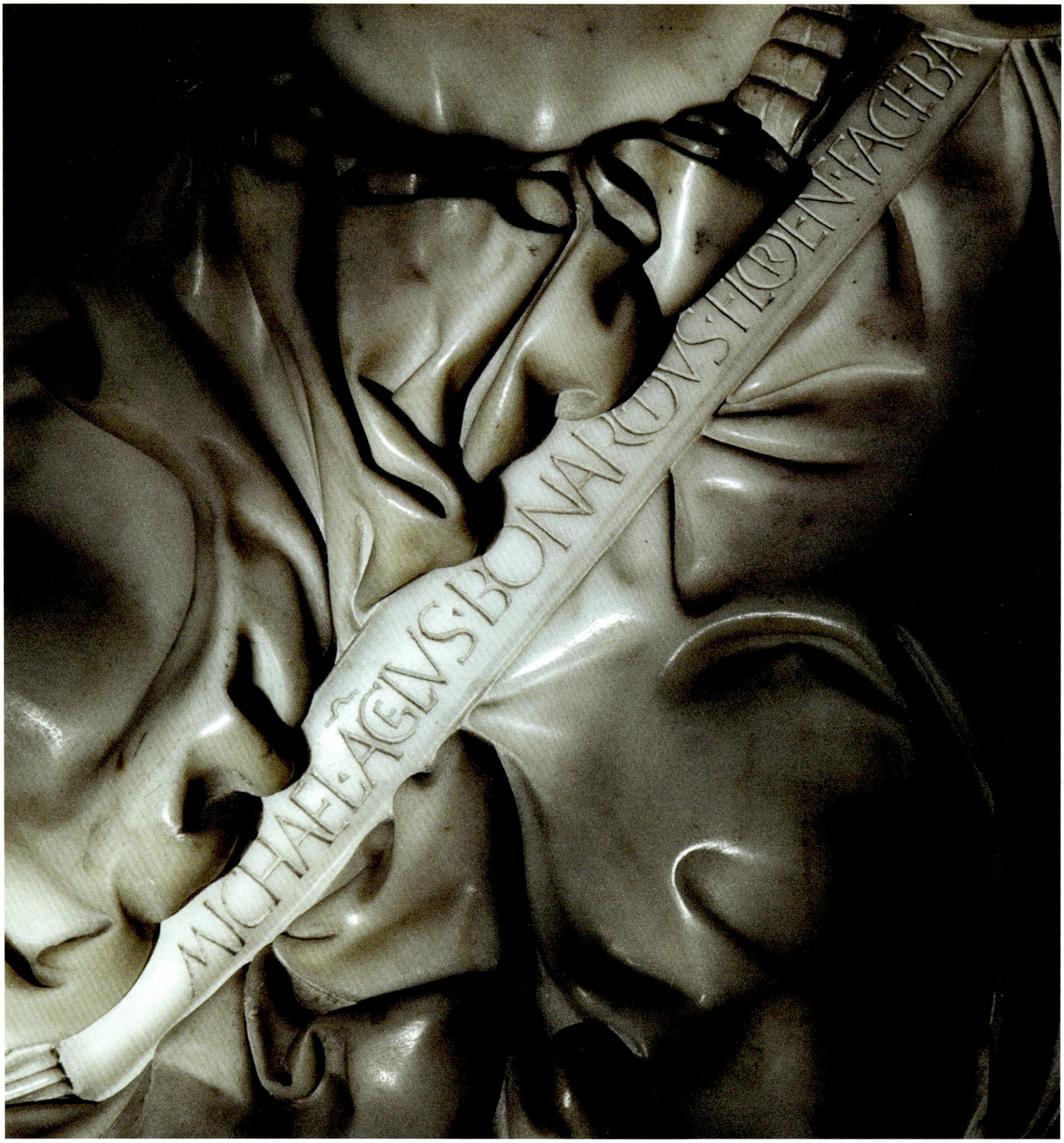

上图：《哀悼基督》细节，圣母胸前的饰带，上面有米开朗琪罗唯一刻在雕塑上的签名。

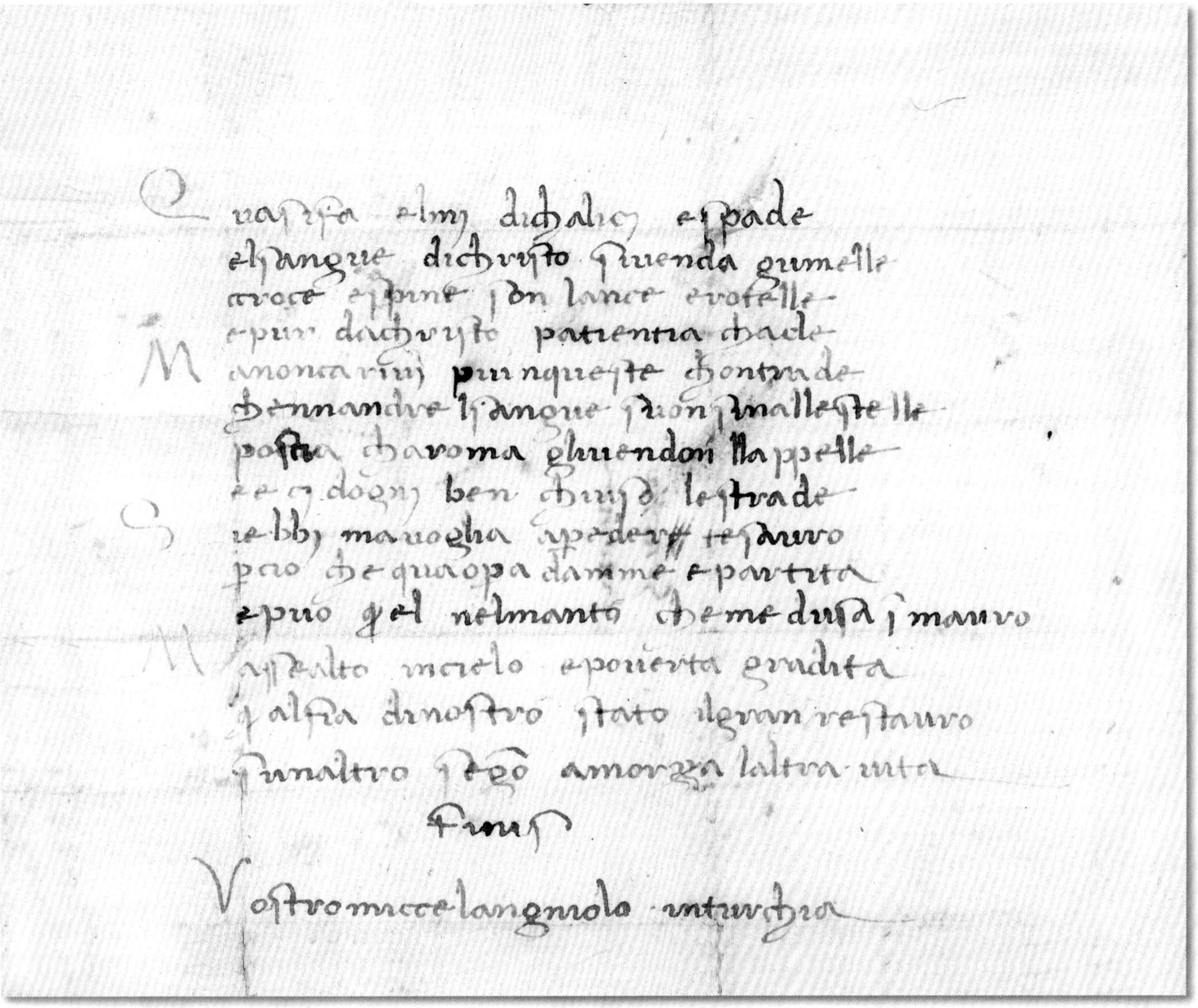

上图：米开朗琪罗早期的一首十四行诗，创作于 1490 年代末或 1512 年左右，内容是对罗马和教皇的好战和物质主义的尖刻攻击。有趣的是，出于他个人的流亡体验，米开朗琪罗在底部的签名是：“*Vostro micccelangniolo in Turchia*”（“米开朗琪罗作于土耳其”）。

《大卫》

莎士比亚曾写道，“人是一件多么美好的作品啊”，这句话可能就是在形容米开朗琪罗的《大卫》。米开朗琪罗想象并创造了一个英雄，这个人物是希腊罗马艺术的缩影，完美展现了动态的古代理想男性裸体，不论是身体层面还是心理层面。古人通常将大尺寸的雕塑留给神祇，而米开朗琪罗却出人意料地用这样壮观的尺寸来表现大卫这个《圣经》中的年轻牧童。我们把文艺复兴称为古典文明的“重生”，而没有任何作品能比米开朗琪罗的《大卫》更好地诠释这一点。然而，这座雕像的诞生却经历了一些挫折。这块石材尺寸巨大，被称为“巨石”，在米开朗琪罗开始创作《大卫》的四十多年前就已被开采出来。一般来说，大理石最好刚从采石场开采出来就立即雕刻，随着时间的推移，石块的质地会变得坚硬、钝化而易碎。至少有三位雕塑家对这块大理石进行过雕刻，而他们的每次加工都为后来者增加了创作难度。这块大理石本来就比较薄，又随着屡次雕刻变得越来越薄，同时也变得更加风化、更难处理。皮耶罗·索代里尼可能是当时的佛罗伦萨政府主管，他说服了教堂当局，允许米开朗琪罗尝试雕刻这块被废弃的石块。尽管在佛罗伦萨可以找到关于大卫的许多其他艺术作品，最著名的例子包括多纳泰罗和韦罗基奥的雕塑，但却没有人创造过如此巨大尺寸的大卫雕像。

前页：如今的《大卫》，藏于学院美术馆（Accademia Gallery），该馆专门为展示这件宏伟的作品而建。

右图：米开朗琪罗钢笔素描的站立裸体，可能是《大卫》的习作。

上图:《大卫》局部比例放大的特点和蓬乱的头发凸显了他敏锐的目光，这在明亮的阳光下尤其显著。

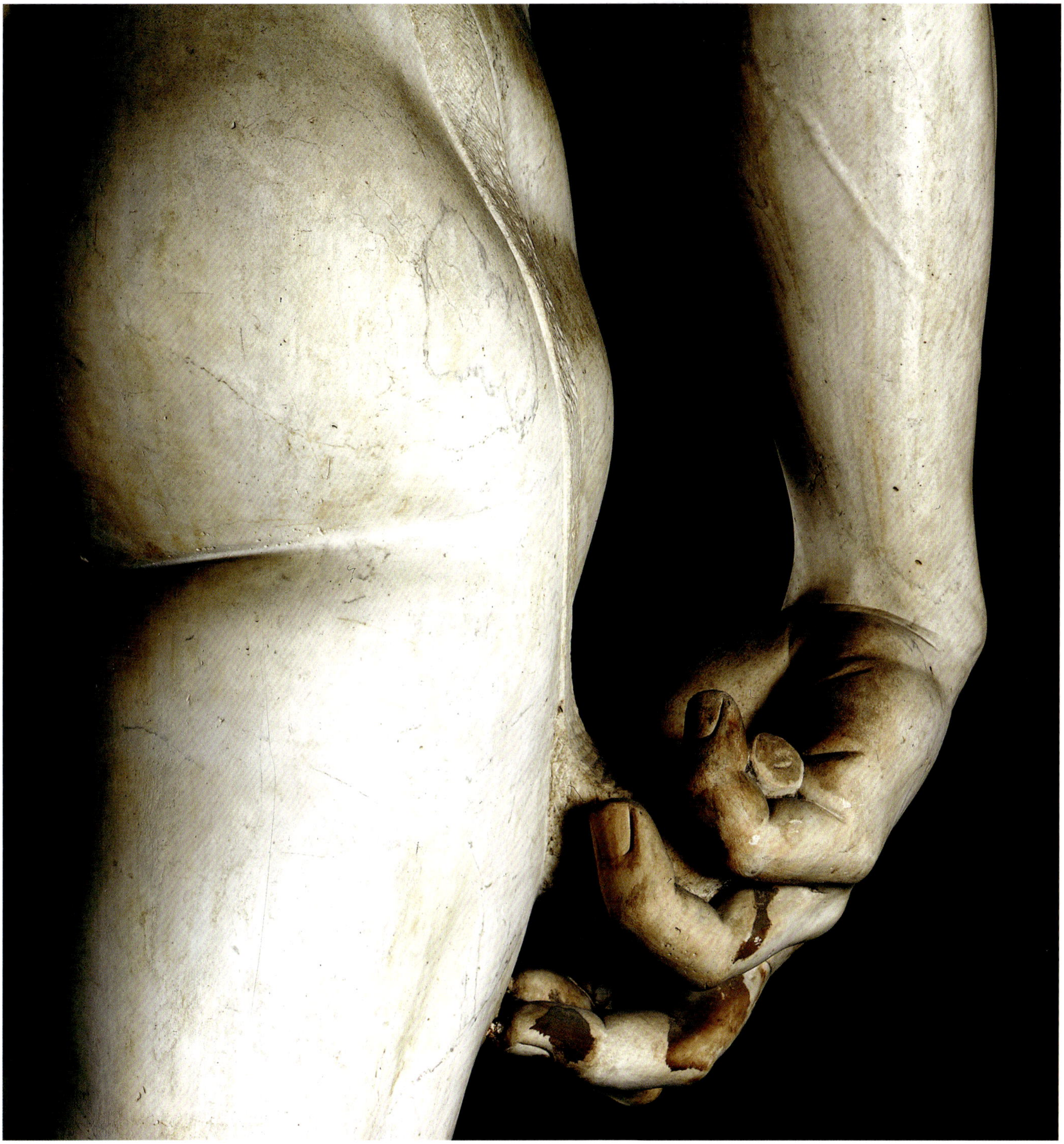

上图:《大卫》手中的投石器带子从雕像的正面几乎不可见，表明米开朗琪罗更想表达的是心理上的对抗，而不是身体上的冲突。

搬移《大卫》

在 1873 年，《大卫》花了七天时间穿过佛罗伦萨，从领主宫被搬到了学院美术馆的新家，这座建筑专门为了陈列这件伟大的作品而建。类似于米开朗琪罗的朋友朱利亚诺·达·圣加洛（Giuliano da Sangallo）在 1504 年移动《大卫》的方式，巨大的大理石被装载在一个特别设计的滚动脚手架中，并用粗绳悬挂在空中（见上图）。1504 年，一些年轻人向这个有争议的“巨人”投掷石块，但到了十九世纪，这座人物雕像已成为佛罗伦萨的标志。1910 年，路易吉·阿里格蒂（Luigi Arighetti）所制作的大理石复制品被放置在《大卫》最初被安放的位置。

在罗马待了五年之后，米开朗琪罗特别渴望在他的家乡佛罗伦萨创作一件壮观的作品。他显然受到了他在“永恒之城”的经历的启发，但任何古典的或当时的艺术都不足以让他为创作《大卫》做好充分的准备。无论我们援引多少资料，从巨型驯马者，即蒙特·卡瓦洛的狄俄斯库里（*Dioscuri*），到尼古拉·皮萨诺、雅各布·德拉·奎尔恰和多纳泰罗的作品，《大卫》都超越了它的所有先例。就和《酒神巴克斯》及《哀悼基督》一样，这是一个独一无二的作品。

不同的书籍对于《大卫》的尺寸有不同的说法，可见实际测量巨型雕塑的尺寸难度巨大，但同时也表明，单纯的尺寸数据无法表达这件雕塑的宏伟。《圣经》中的大卫是一个弑杀巨人的英雄和未来的国王，他的信仰和勇气非同凡响。这件雕塑作品并没有忠实地按照《圣经》描述的情

多纳泰罗（1386—1466）

没有任何雕塑家对米开朗琪罗的意义能超越他的前辈多纳泰罗（Donatello）。他的多才多艺体现在多种材质（大理石、青铜、木材、灰泥）的作品中，而他的作品在佛罗伦萨随处可见。当米开朗琪罗在青年时期住在美第奇宫时，多纳泰罗的青铜《大卫》（上图）就位于美第奇宫的院子里。多纳泰罗的最后一位学生贝尔托多·迪·乔瓦尼（Bertoldo di Giovanni），向米开朗琪罗介绍了美第奇的收藏，包括古代和现代的藏品。虽然米开朗琪罗钦佩多纳泰罗，并从他那里学到了很多，但他的大理石《大卫》与他前辈的青铜作品的特征截然不同，这两件作品的区别就如同一部英雄交响曲和一首长笛三重奏。

况进行创作，而是更突出地表现了大卫的精神。同样不合逻辑的是，这个年轻的牧童完全赤身裸体，米开朗琪罗这样处理可能是为了追溯到古典艺术的表现方式，并暗示大卫拒绝了扫罗的战甲。

站立的《大卫》将他的重心放在右腿上，表现了他那一触即发的动态。他巨大的躯干转向他锐利目光相反的方向。为了彰显表达效果，以及补偿从远处看到人物造成的自然缩小，《大卫》的头部大得有些不符合比例。他厚实的颈部和凸出的肌肉强调了已做好应战准备，仿佛随时能释放出的巨大能量。这件杰作类似于雕塑家米隆著名的《掷铁饼者》（*Discobolus*），人物的动态掩盖了它们是无法移动的大理石这一事实。

对于佛罗伦萨人来说，《大卫》是面对逆境时的力量和勇气的典范，也是与他们密切相关的英雄。因此，米开朗琪罗也对大卫感同身受——大卫杀死了巨人歌利亚，正如年轻的米开朗琪罗征服了巨大的大理石块。作品完成之后，包括达·芬奇在内的一些佛罗伦萨公民决定将《大卫》放置在领主宫的入口处，作为宫殿司守护者和核心展品。通过《大卫》，米开朗琪罗获得了他父亲最重视的东西，即“家族荣誉”，正如他的父亲在1500年给米开朗琪罗的一封信中所表达的那样。这件作品确保了米开朗琪罗再也不会失业。赞助人开始涌向米开朗琪罗，在他完成《大卫》之后的十多年里，他仍然非常忙碌，并且创作产量颇丰。

《大卫》是佛罗伦萨和文艺复兴的象征。尽管它是由一个卓越个体所创作，却表现了整个时代的成就。乔治·瓦萨里试图用文字捕捉《大卫》丰碑式的壮丽，他写道：“毫无疑问，这件作品已经把所有其他雕像，古代的或现代的、希腊的或罗马的，都抛掷到了阴影里……毫无疑问，任何看过米开朗琪罗的《大卫》的人，都不需要再看任何其他雕塑家的作品，不论他们已故去或是仍在世。”

《圣马太》

凭借在罗马的《哀悼基督》和佛罗伦萨的《大卫》这两项杰作，米开朗琪罗的声誉得到了巩固，他再也不愁没有委任项目。他是奇迹的创造者，也是当时在世的最伟大的雕塑家，因此所有人都希望能雇用他，赞助人、委任项目和各种机会飞速增长。在1500年至1508年间，米开朗琪罗保持了令人叹为观止的产量。米开朗琪罗在佛罗伦萨逗留的八年，正是文艺复兴的鼎盛时期，他接受了一系列重要程度参差不齐的委托项目，从青铜匕首，到为佛罗伦萨大教堂雕刻十二使徒像的项目。为了追求艺术上的卓越，他似乎没有拒绝过任何人，这一点与他后来的行事方法截然不同。

那些年，米开朗琪罗的赞助人的数量、地位和国际性都令人印象深刻。这些赞助人包括两位教皇、佛罗伦萨政府的主管（“正义旗手”皮耶罗·索代里尼）、四个显赫的佛罗伦萨家族（斯特罗齐、多尼、皮蒂和塔代伊）、佛罗伦萨大教堂、一群富裕的佛拉芒商人以及法国财务部长。十六世纪的最初几年，米开朗琪罗的产量惊人，并且服务于非常多元的国际客户。然而，米开朗琪罗同时承接如此多的委任，意味着许多项目注定无法完成，甚至未能开始。事后看来，米开朗琪罗承担如此大量的任务似乎是不负责任的，但他其实并没有什么拒绝的余地，而且每个委任对他而言都是新的挑战。此外，对于创造了《哀悼基督》和《大卫》的雕塑家来说，似

前页：米开朗琪罗的《圣马太》，藏于佛罗伦萨学院美术馆。

上图：米开朗琪罗非常推崇多纳泰罗早期所作的《圣马可》（*St Mark*），图为其在佛罗伦萨欧圣米契教堂（Orsanmichele）的壁龛内。

米开朗琪罗是如何雕刻大理石的？

米开朗琪罗一般使用宽头木槌，以及三到四个经过锻造的铁凿（下图）。首先，他会使用一个尖头（*subbia*）来粗略快速地处理原始石块。然后，他会使用平头凿（*scalpello*）和多齿爪凿（*gradina*）进行主体雕刻。打磨抛光是一项惩罚性的苦差事，需要使用一系列精度递增的金属锉、浮石（轻质火山岩）、沙砾以及大量的辛苦工作才能完成。

《圣马太》的后续故事

虽然从未被完成，《圣马太》对当代雕塑家和画家有着长远的影响。它极致的均衡构图尤其令人欣赏——人物的上身躯干与腿部在同一轴线上扭曲，但处于不同的平面。人们可以在其后的许多作品中看到这件作品的影子，例如他的后辈拉斐尔的《圣凯瑟琳》（上图），以及许多同时代雕塑，例如雅各布·圣索维诺（Jacopo Sansovino）的作品，他也是被邀请完成《十二使徒》雕塑的艺术家之一。米开朗琪罗本人在他的《胜利者》雕塑中进一步探索了一种夸张但极具艺术性的均衡构图形式。

下页：米开朗琪罗的《圣保罗》，来自锡耶纳的皮科洛米尼祭坛，在《圣马太》之前展现了与《圣马太》类似的表现主义的身体形态和布料褶皱。这件作品的雕刻进度被《大卫》和《圣马太》的委托项目所打断。

乎没有什么是不可能的。

甚至在米开朗琪罗完成《大卫》之前，羊毛协会（*Arte della Lana*）的领事就与他签约，要他为大教堂雕刻十二使徒大理石像。这是一项利润丰厚的委任，足以使这位雕塑家忙碌十几年。这是一个完全改变现代雕塑过程的机会，让他能够独立创造一件文艺复兴鼎盛时期的作品。于是米开朗琪罗前往卡拉拉的大理石采石场，选择所需的石块，并且将至少五块运往佛罗伦萨，但其中只有《圣马太》开始了雕刻。这项委任需要米开朗琪罗将他的创造力发挥到极致。他面临的挑战是通过手势、肢体语言以及最少的象征符号，来表现基督十二使徒的精神力量和个性特征。

《圣马太》的躯干朝向前方，头部和左腿都转向右侧。头部虽然只有粗略的勾勒，但却呈现了米开朗琪罗对于某种姿势的实验性创作，我们将在西斯廷教堂天顶画的一些先知和女预言家中再次看到这种姿势。人物跨过肩膀的一瞥，表明这位圣徒将他的注意力投向上帝。圣马太不识字，因此有天使帮助他书写福音。从加洛林时代开始，圣马太的形象旁边总有神圣的信使在他的耳畔低语，手把手指导他书写。通过圣徒转过的头部和其身体的不同寻常的扭转，米开朗琪罗发明了一种肢体语言，精妙地描绘了一种感知神启的状态，仿佛圣徒正在聆听上帝的谕示。这件雕塑所呈现的圣马太实际上并没有在书写《福音》，而只是用左手高举着他的书或写字板。沿着圣徒的视线，我们看到他高举着的是一块白板（*tabula rasa*），用来接受上帝的话语。因为不识字，作品中所描绘的圣马太将手轻轻地放在身侧。人们可以想象这只未被雕刻完成的手拿着羽毛笔，这件无用的工具强调了马太的《福音》并非由人类所书写，而是由上帝的神启而写成的。

尽管这件作品只是半成品，但是米开朗琪罗雕刻出的身体姿态足以让我们窥见难以言喻的内涵，甚至观察到很多肉眼不可见的内涵。米开朗琪罗正是通过这种方式来用石头表达信仰的主题。

《卡西纳之战》

完成《大卫》之后不久，在米开朗琪罗生命中最忙碌的一段时间里，他受皮耶罗·索代里尼的委任，为领主宫内的佛罗伦萨市政厅创作描写战斗场景的壁画，位置就在他的对手莱奥纳多·达·芬奇画作的对面。在这里，文艺复兴时期两位最伟大的艺术家充分发挥了他们最杰出的技艺，相互竞争。因此，米开朗琪罗有机会证明自己绘画方面的才华，正如他在《大卫》中展现了他的雕塑技艺。他为此准备了一个大型“卡通”（源自意大利语的 cartone，指大型图画），这幅由许多纸张组成的巨大粉笔画，总面积超过 116 平方米，单是将这些纸张粘在一起就需要五天时间。

出于不同的原因，两位艺术家都未能完成他们各自的委任项目：达·芬奇是因为技术上的瓶颈，而米开朗琪罗是因为在1505年被教皇尤利乌斯二世召唤到罗马。事实上，《卡西纳之战》壁画在画到大型画板上之后就再未有进展，但作为一幅巨大的绘画，它仍然对后世产生了深远的影响。

米开朗琪罗壁画的中央部分，是沐浴中的战士们，这一部分被保存在一些画作中，和由他的朋友和前助手阿里斯托蒂莱·达·圣加洛绘制的灰色画中。米开朗琪罗选择表现的，是佛罗伦萨与其主要竞争对手比萨的长期战争中一个独特而微小的片段。根据当时的人的说法，极端的夏季炎热使士兵们在阿尔诺河中沐浴放松。然而，佛罗伦萨船长害怕被攻其不备，所以发出了错误警报。由此，画作

左图：米开朗琪罗的《卡西纳之战》灰色画副本。

展现了一个混乱的场景，画中士兵们争先恐后地穿衣并武装自己。这是一个奇怪的非英雄主义的战斗画面，特别是考虑到它将被展出的场所。通常类似的委任作品都是表现胜利、英雄或某种神迹，相比较而言，米开朗琪罗的壁画更多地是在为公民和军事准备吹响号角。这一主题格外适合1504年的佛罗伦萨。当时佛罗伦萨尚未征服比萨，也未能筹集到必要的资金并召集军队。此外，米开朗琪罗独特的视角给予了他前所未有的角度来施展他的艺术专长，即运动中的男性裸体。这一点尤为重要，因为达·芬奇在绘制同时代的《昂加里之役》时，将一场骑兵的战斗场景作为焦点，发挥了他的专长。

正如许多评论家所指出的，米开朗琪罗拥挤、蜿蜒的构图并不是很成功。实际上，临摹者和雕刻家都很有选择性地关注单独的个体或一小群人物。这幅画作很快就被剪开，这么做可能是为了保留作品最动人的部分，即人物形象创意的集合。本韦努托·切利尼曾宣称《卡西纳之战》是“世界的学校”，因为每个年轻的佛罗伦萨艺术家都曾从它身上获得过灵感。

米开朗琪罗为《卡西纳之战》壁画所准备的草图中，最令人印象深刻的习作之一是一幅坐身裸体习作（现藏于大英博物馆），画中人物的头部和上部躯干急剧地转离观众。线条分明的轮廓和强有力的形态赋予了人物三维效果，宛若雕塑。在人物困难的姿势和丰富的表达中，可以窥见西斯廷教堂天顶画中绘制的裸体青年（*ignudi*）和其他人物的肇始。

《卡西纳之战》壁画无疑是米开朗琪罗迄今为止最重要的委任项目，也有潜力成为文艺复兴时期最伟大的画作之一。就像艺术家职业生涯中的许多其他项目一样，这个项目中途搁浅，未能完成。然而，它的体量和野心，以及其中的一些人物姿势形象，都对艺术史产生了深远的影响。其他艺术家的未完成作品很少有同等的影响力和地位。同时，一件未完成的作品受到如此程度的关注也是极为罕见的。

皮耶罗·索代里尼（1452—1522）

未完成的《卡西纳之战》的一个重要方面，是米开朗琪罗与它的委托者之间的关系，后者是佛罗伦萨政府的最高官员，皮耶罗·迪·托马索·索代里尼（Piero di Tommaso Soderini）。索代里尼出生于一个古老、受人尊敬、有影响力的贵族家庭，致力于建立一个独立的、共和主义的佛罗伦萨。1502年，索代里尼当选为第一位正义旗手（*Gonfaloniere di Giustizia*），并终身任职。他对米开朗琪罗极为尊敬及喜爱，也同时是他的朋友、赞助人和保护者，长达十五年有余。

下页上图：达·芬奇的《昂加里之役》和米开朗琪罗的《卡西纳之战》都是大型壁画，旨在装饰佛罗伦萨的领主宫内的五百人大厅。

下页下图：彼得·保罗·鲁本斯（Peter Paul Rubens）临摹的达·芬奇《昂加里之役》中间部分。

莱奥纳多·达·芬奇
（1452—1519）

莱奥纳多·达·芬奇在很多方面都是米开朗琪罗最重要的同辈人和竞争对手。达·芬奇比米开朗琪罗年长一辈，当他们两人在1501年回到佛罗伦萨时，达·芬奇已获得了国际声望。《大卫》也许能帮助米开朗琪罗获得同等的地位，而他之所以接受《卡西纳之战》的委托项目，一部分原因也是为了超越达·芬奇。这位年长于米开朗琪罗的艺术家也是一个重要的榜样，因为达·芬奇除在竞争激烈的传统工作坊实践之外，成功地将自己塑造成一位艺术家和朝臣。

上图:

上图:《卡西纳之战》壁画中坐着的沐浴者,
这是一幅具有影响力的绘画。

上图：米开朗琪罗为《卡西纳之战》做准备的众多习作之一。

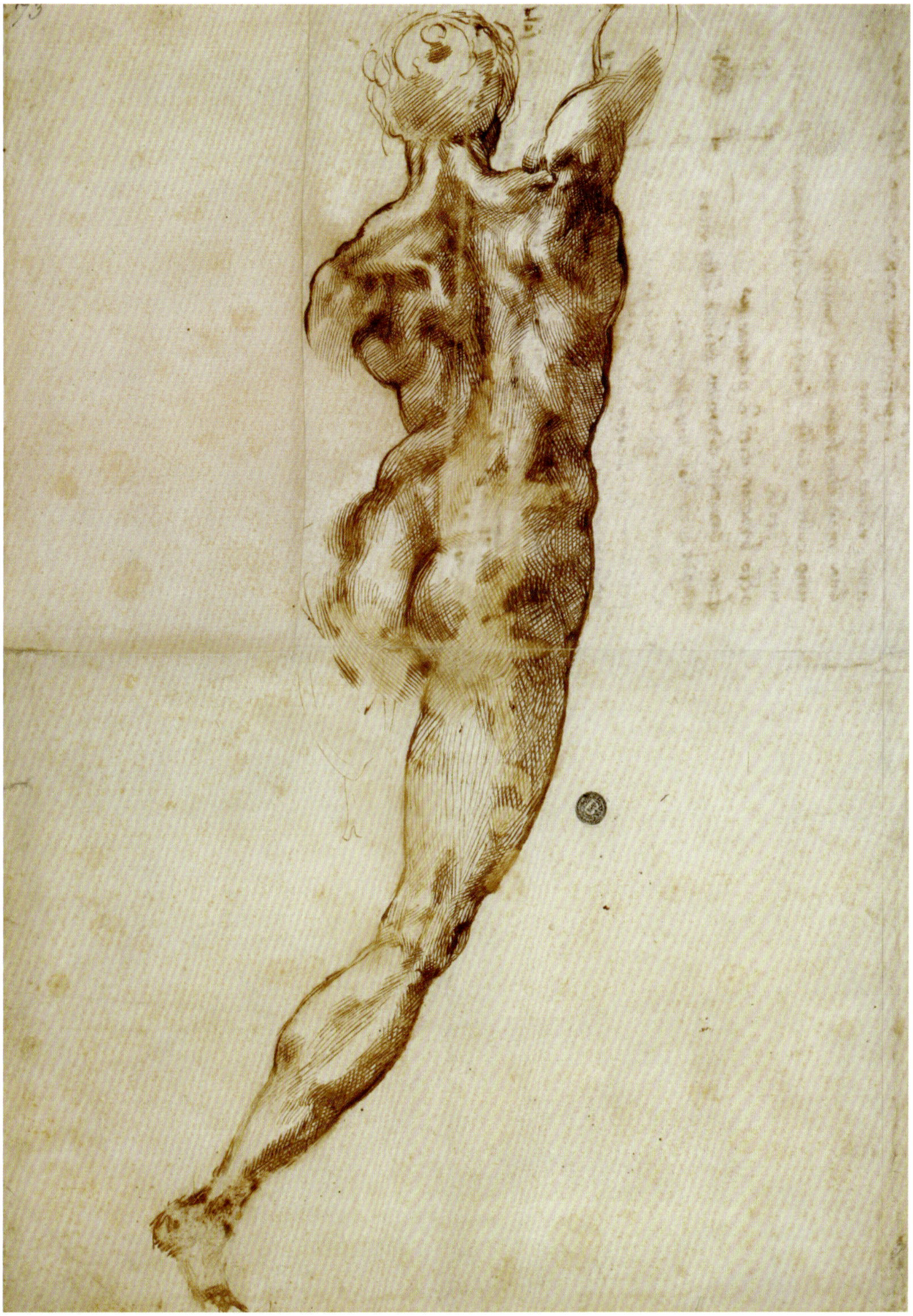

上图：米开朗琪罗为《卡西纳之战》做准备的众多习作之一。

两个大理石圆浮雕和《布鲁日圣母》

凭借《大卫》和《卡西纳之战》，米开朗琪罗稳固了自己在公众眼中的地位，但创造奇迹并不能确保工作稳定。大多数文艺复兴时期的赞助人都想要耳熟能详且价格合理的艺术品。成功的艺术家们，例如弗拉·安杰利科、弗拉·菲利普·利皮和桑德罗·波提切利，都通过制作类似的作品来满足市场需求，而他们的工作室成员通常会给予大力帮助。实际上，很多艺术品制作合同经常将现有作品作为复制或模仿的对象。相比之下，米开朗琪罗从未重复制作自己过去的作品，他曾说过“犯错误比重复自己更好”。与此同时，这位雄心勃勃的艺术家几乎没有错过任何通过各种媒介证明自己卓越才能的任务。在 1501 年到 1506 年之间的几年里，米开朗琪罗制作了样式相似的三件作品，即圆形构图或圆形作品（*tondo*），这些作品是为几个显赫的佛罗伦萨家族所作，包括塔代伊、皮蒂和多尼家族。在这些作品中，他创作了最接近于资产阶级赞助人所追求的奢侈产品。

在《塔代伊圆浮雕》中，米开朗琪罗回归浮雕，这一他最早采用的雕塑体裁。然而，大多数圆形作品都是绘画，或由灰泥雕成。用大理石块雕刻圆形作品本身就是一项具有挑战性的任务。在不规则的圆形内，米开朗琪罗创造了一个复杂的三人构图。圣婴的活跃姿势可能是受到了达·芬奇的影响。米开朗琪罗的典型做法是将前辈的想法转入雕塑这种三维媒介。另一个与达·芬奇的相似点是，米开朗琪罗愿意探索暗示和明示之间、完成（*finito*）和未完成（*non-finito*）之间的界线。作品的许多部分都显示出凿痕，好像雕刻者为自己的手艺感到骄傲，因而不愿意将雕刻的痕迹打磨掉。

拉斐尔的《草地上的圣母》

当拉斐尔于 1504 年抵达佛罗伦萨时，这座城市正处于我们所称的文艺复兴鼎盛时期，由达·芬奇和米开朗琪罗的作品所主导。拉斐尔立即受到这些艺术家的影响，并且风格迅速成熟。拉斐尔为著名的佛罗伦萨人塔代奥·塔代伊（Taddeo Taddei）创作了《草地上的圣母》，其紧密的构图和美丽的色彩体现了达·芬奇对他的影响。正是这位开明的赞助人委托了米开朗琪罗创作《圣母子与婴儿圣约翰》（故又称《塔代伊圆浮雕》，Taddei tondo），提醒着我们佛罗伦萨文艺复兴时期的艺术圈是多么小。

前页：米开朗琪罗的《圣母子与婴儿圣约翰》圆浮雕，藏于伦敦皇家美术学院。

上图：波提切利（Botticelli）的《玛尼菲卡特的圣母》，藏于乌菲齐美术馆，这类画作为米开朗琪罗的佛罗伦萨客户所钟爱的一类作品。

下页：米开朗琪罗为皮蒂家族雕刻的大理石圆浮雕，目前收藏在佛罗伦萨的巴尔杰洛博物馆。

米开朗琪罗对于未完成作品的美学探索在《皮蒂圆浮雕》上达到了更为复杂的层面，其中“未完成”（*non-finito*）清楚地作为一种表达方式呈现给大众。米开朗琪罗留下了一系列独有的印记，从高度抛光的圣母脸庞，到尖头凿子留下粗糙凹槽，都蕴含着他独有的创作风格。他并没有试图掩饰或回避他的创作媒介和技法。

《皮蒂圆浮雕》中圣母的古典特色与罗马的《哀悼基督》和几乎同时期的《布鲁日圣母》相似，都非常精致且具有贵族气质。然而，浮雕中圣母的身体却呈现出奇怪的下蹲比例。我们仰视（*di sotto in su*）浮雕，比如当浮雕被挂在墙上时，或被用作佛罗伦萨墓碑顶部装饰时，由于透视作用，这一现象并不明显。而俯视时，圣母宛若被天堂加冕的女王，坐在一个完美的立方体上，被环绕在圆浮雕的范围内，象征着她缺失的光环。基督转瞬即逝的微笑和几乎随意的姿势，让我们接受了这一日常场景所展现的深刻宗教主题。

新世纪第一个繁忙的十年，在众多潜在顾客中成功争取到米开朗琪罗一件作品的，是一个由富裕的佛兰芒商人所经营的公司，他们希望在他们的家乡布鲁日安放雕像以装饰圣母教堂。为了让地位显赫的委任人满意，米开朗琪罗创造了《布鲁日圣母》，尽管这件作品不如其他作品那样为人所熟知，却是他最美丽的艺术作品之一。雕塑的部分魅力来自于完美无瑕的半透明大理石的美感。艺术家奇迹般地将坚硬的石材转变为有延展性的肉身和丰富柔软的衣料褶皱。构思和雕刻的美感，透过一个不情愿的母亲和她唯一的孩子之间的激烈互动而得以强化。

布鲁日

布鲁日这座城市位于茨文（Zwyn）河畔的佛兰德（Flanders），靠近北海海岸。这是一个极其重要的商业中心，在十四世纪和十五世纪初达到了繁荣鼎盛期。佛罗伦萨和布鲁日之间的贸易在十五世纪蓬勃发展，美第奇家族在布鲁日保留了他们银行的一个重要分行。茨文河在1490年彻底淤塞，这座城市作为国际贸易和银行中心的重要地位正式终结。

上图：布鲁日城镇规划的彩色雕刻，源自《全球图解》（*Civitates Orbis Terrarum*），约1572年。

下页：《布鲁日圣母》石膏摹本，位于比利时布鲁日的圣母教堂（Onze Lieve Vrouwekerk）。

《圣家族》

《圣家族》(译者注：作品名称的字面意思为《多尼圆形画》)展现了米开朗琪罗未曾在之前的作品中表露过的全新特点。与他的雕塑作品一样，学者们所提到的这件作品的源起和影响都不足以解释这幅画的美感、创新，以及它精妙的智慧。关于这幅画有许多未获得解答的问题，例如，为什么佛罗伦萨商人安杰洛·多尼会委托著名雕塑家画一幅画，以及为什么米开朗琪罗会同意画一幅画。尽管米开朗琪罗在蛋彩画方面经验有限，但他仍然创作了一幅杰作。

画中的圣母坐在地上，腿上放着一本合上的书。她转身面向她活泼的孩子，而约瑟在她的身后跪着。我们无法确定约瑟是在接过圣子，还是在将圣子递给圣母。这种有意创作的模棱两可的动作让观赏者可以从两种角度来解读，并为构图加入了连续的动态。圣家族成员的头部、手臂和手形成紧密的组合，他们有力而亲密的凝视更加强化了这种联系。圣母全神贯注的爱意和容光焕发的脸庞，格外清楚地表达了她深沉的爱和先知的智慧。

圣婴的姿势让人联想到牧师或治疗师的“按手礼”。母亲的左手遮挡了圣婴的生殖器，但这一动作也将人们的目光引向这一部位，一方面确认了基督的人性，同时也提醒着人们基督兼具了人和神、灵与肉的双重性。充沛的情感体现在了明艳的蛋彩颜色中。圣母传统的红色裙子和蓝色斗篷被框在深绿色带子和约瑟闪亮的橙色斗篷中。填充前景的金属蓝色褶皱，和约瑟上衣的深蓝色，以及天空和远处景观的浅色调相呼应。

在中间的位置，即光滑的石台后面，是年轻的施洗者圣约翰。他欣喜的表情和圣母的表情一致，并且具有相似的目的，因为约翰和圣母是最先辨别出基督的神性并接受他的世俗使命的人。圣约翰身后是一群赤裸的青年，他们以各种姿态休息，有的在爱欲中亲密拥抱。他们的肉体之爱是圣家庭的精神之爱的陪衬，是对基督降临之前的异教

拉斐尔的《安杰洛·多尼肖像》

根据瓦萨里的说法，安杰洛·多尼（Angelo Doni，卒于1539年）是米开朗琪罗的朋友。他们在佛罗伦萨的圣十字区生活和工作，且都致力于佛罗伦萨的自由解放。在佛罗伦萨共和国（1527—1530）的最终阶段，多尼是自由十人委员会（*Dieci della Libertà*）的成员之一，也是圣十字教区的领头人，同时也是共和国在1530年投降后被帝国军队俘虏的64名人质的首领。他的家庭关系进一步加强了邻里关系、爱国情怀和赞助热情，由于多尼与马达莱娜·斯特罗齐（Maddalena Strozzi）的婚姻，米开朗琪罗和斯特罗奇家族产生了深远的联系。

前页：《圣家族》是一幅非常生动的作品。

徒过往的回顾。

赤裸的青年占据了一个半圆形的凹处，让人联想到采石场挖掘区的表面。切面石墙让人联想起基督教堂已部分建成的拱顶，仿佛新的宗教制度和用以守护它的建筑，而圣家族恰如其分地占据了圣坛的位置。

据乔治·瓦萨里所述，当米开朗琪罗完成绘画时，他将画作包好送去多尼的房子，并附上便条要求支付 70 达克特（译者注：货币单位）。多尼是一个富有的商人，但对开销非常谨慎，因此对这个高价不太满意，“尽管他知道，画作的价值远高于这个价格”。他给了信使 40 达克特并告诉他这个价钱已经足够。于是，米开朗琪罗被激怒了，他退还了这笔钱，并要求多尼支付 100 达克特或退还画作。可是多尼非常喜欢这幅画，因此他同意支付 70 达克特的原价。然而，米开朗琪罗对此并不满意。事实上，由于多尼的背信，米开朗琪罗索要了双倍的价格，这意味着多尼最终支付了 140 达克特。这个被瓦萨里津津乐道的故事，精妙地捕捉了艺术家和赞助人之间的关系：艺术家希望获得优厚的报酬，而赞助人却迟迟未能认识到传统的讨价还价已不再被接受。

左图：由米开朗琪罗同时代的卢卡·西尼奥雷利（Luca Signorelli）绘制的《圣母与圣子圆形画》细节。

下图：《圣家族》细节，展示了施洗者约翰和裸体青年的细节。

左图：米开朗琪罗画的活泼的圣婴既是孩子又是男人，既爱嬉戏，又宛若行使“按手礼”的牧师。

下图：使徒圣保罗（经过加工的金色表面上的蛋彩画）。

蛋彩画

《圣家族》是米开朗琪罗唯一现存的蛋彩画，这种技法可能是从基尔兰达约处学来的。在蛋彩画中，需将粉末颜色与黏合剂混合，黏合剂通常是蛋黄或蛋液，用水稀释并涂抹到石膏（精细石膏）表面。这种混合物是不透明的、永久的、快干且明亮的，但颜色在干燥后会比在潮湿时显淡。从十四世纪到十六世纪末，有一种很普遍的混合技术，即在蛋彩上涂上油釉。

被召唤到罗马

1505 年 2 月末，米开朗琪罗收到教皇尤利乌斯二世的召唤来到罗马。虽然这意味着他在佛罗伦萨的许多委任项目将受到影响，包括最著名的《十二使徒》和《卡西纳之战》，但这是个不容错过的机会。与米开朗琪罗上次来罗马相比，这座城市在这四年里变化不大，除了在梵蒂冈周围，建筑师多纳托·布拉曼特开始了一个将贝尔维德雷宫连接到圣彼得大教堂的巨大项目。在亚历山大六世和短命的皮乌斯三世的腐败统治之后，充满活力的教皇尤利乌斯二世于 1503 年当选，开启了一个新兴的、受人尊敬的罗马教皇的时代。尤利乌斯似乎有野心让罗马再次成为一座皇城。

在米开朗琪罗的传记中，没有任何一则轶事比他与教皇尤利乌斯二世的关系更充斥了夸张描写。无论我们如何想象这种近乎神话般的关系，我们应该承认这两个人从根本上改变了艺术家和赞助人之间的传统关系。他们相互交谈，互相理解。尤利乌斯希望能设计一个陵墓，米开朗琪罗就为他画了一幅或多幅设计图。然而，他们并没有签订合同，金钱交易建立在信任的基础上，而非条款。他们一起畅想的不仅是一件雄伟的艺术作品，更是一件将成为世界第八大奇迹的创作。

按照他的典型做法，米开朗琪罗出发去采石场获取大理石。在将近八个月的时间里，这位艺术家远离阴谋和权力的中心，而当他回到罗马时，发现教皇已经有了新的重心。无论米开朗琪罗对尤利乌斯陵墓的构想是多么壮观，这一项目的重要性都不及教皇的宏图伟略，即重振教皇国家和重建旧的圣彼得大教堂。据传，米开朗琪罗赌气地说过：“从现在开始，如果他（教皇）需要我，他可以到其他地方找我。”之后艺术家回到了佛罗伦萨，在那里他再次开始了他被打断的佛罗伦萨委托项目，并且挑衅地几次三番无视教皇传召他到罗马的要求。直到尤利乌斯在附近的博洛尼亚出席活动，米开朗琪罗才被说服出现在教皇面前并请求原谅。

作为陵墓最初概念的一部分，米开朗琪罗计划用大理

教皇尤利乌斯二世（1443—1513）

朱利亚诺·德拉·罗韦雷（Giuliano della Rovere）来自萨沃纳，是建造了西斯廷教堂的教皇西克斯图斯四世（Pope Sixtus IV）的侄子。朱利亚诺在教会里迅速崛起，直到他在 1503 年当选为教皇尤利乌斯二世。他是一个残忍而暴力的教皇（绰号“糟糕二世”），他的任期中的大部分时间罗马都会都处于战争状态，忙于为罗马教会恢复领土。然而，他也是对艺术家十分慷慨的赞助人，他赞助的艺术家包括米开朗琪罗、拉斐尔，以及建筑师多纳托·布拉曼特（Donato Bramante），这位建筑师在尤利乌斯的任期内开始了新圣彼得大教堂的兴建工作。

前页图：有两个奴隶雕塑（图为《反叛的奴隶》）没有被用在尤利乌斯二世最终的陵墓上，米开朗琪罗转而将它们送给罗伯托·斯特罗齐，后者又将它们转送给了法国国王。

上图：拉斐尔为具有远见但难以相处的尤利乌斯二世所画的肖像。

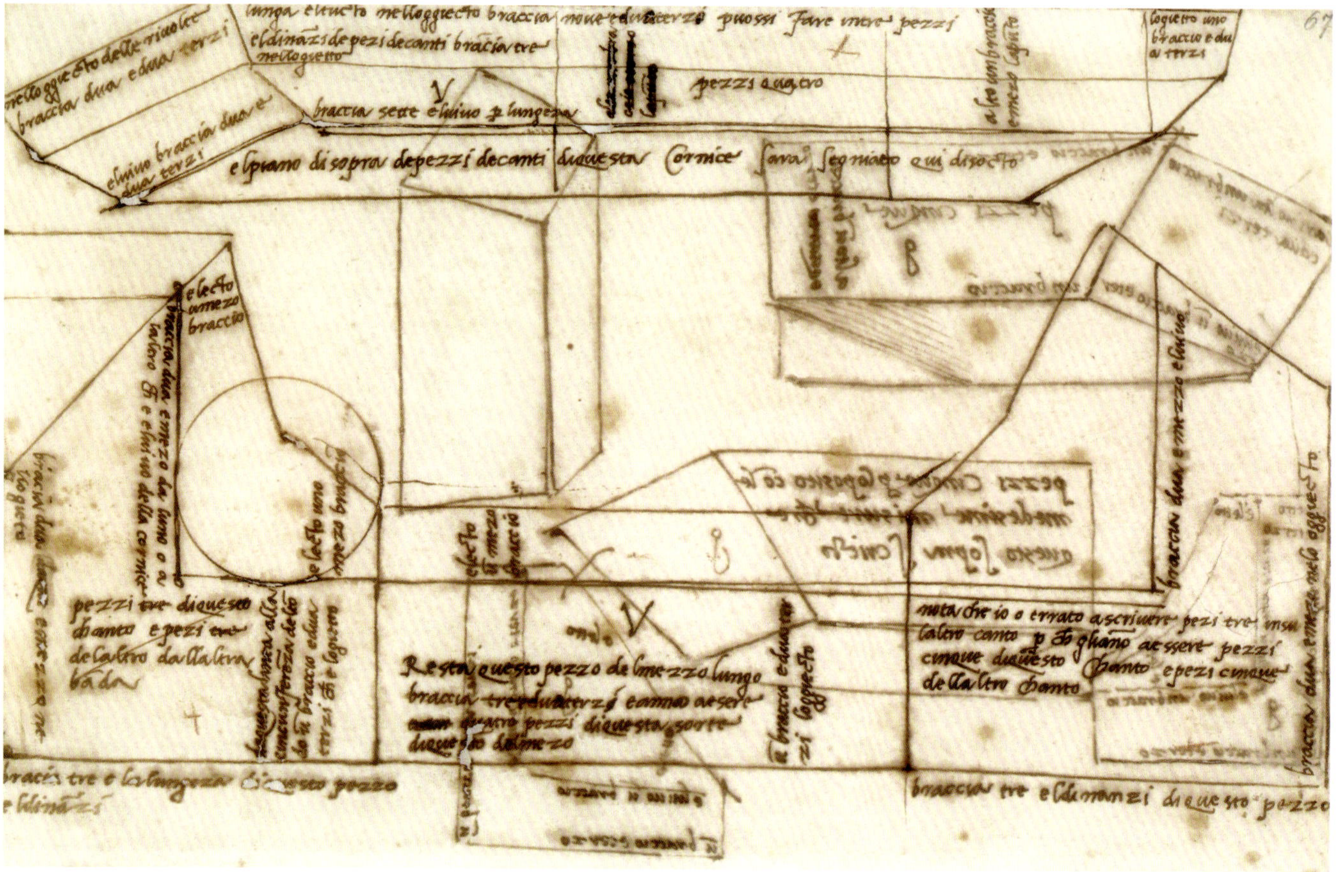

石雕刻40件大型雕塑。这位艺术家的创作风格是从一些不那么重要的人物着手，例如《反叛的奴隶》和《垂死的奴隶》，这两件奴隶雕塑的一部分灵感来自于当时刚被发现的《拉奥孔》雕像。米开朗琪罗创作奴隶或囚犯雕塑的动机不甚明确。瓦萨里写道，他们是“俘虏，代表了被教皇所征服、从而服从使徒教会的所有省份”。康迪维的描述更为具体，而且可能更接近米开朗琪罗的想法，他的解释是，这些奴隶代表的人文艺术，就像尤利乌斯二世一样，现在是死亡的囚徒。米开朗琪罗可能把它们想象成了一组对比，虽然它们已不处于原来的环境之下，又获得了我们赋予它们的现代名称，但这些因素都加深了它们的二元性。

《反叛的奴隶》展现了和《圣马太》相似的扭转，但比后者更有力度，并且朝着相反的方向。《圣马太》中，动态的均衡构图有助于表达一种宗教灵感，但在这里，人物的身体受到物理上的限制。躯干上粗壮的脖子和起伏的肌肉暗示着猛烈的能量，但实际的动作却很少。米开朗琪罗创造了一种矛盾的、挣扎与停滞并存的状态。

在《垂死的奴隶》（取名非常不恰当，除非垂死指的是半睡半醒的放松状态）中，米开朗琪罗用与地面垂直的姿势创造了一个斜靠着的人物。这个人物充满了悖论：四肢的运动与人物半昏迷的状态形成对比；极具感观诱惑性的身体和充满肌肉的男性形态形成对比；雕刻它所用的石材和皮格马利翁式的性感形成对比。雕塑的不确定性还拓展到了它的性别，因为这个人物有一种雌雄同体的品质。人们常常看到米开朗琪罗对女性人物进行男性化处理，但这个例子恰恰相反。当观众围绕着人物观赏时，构图仿佛以慢动作的形式旋转。人们可以强烈地体会到米开朗琪罗从一个人物中创造出复杂艺术构图的卓越能力。

前页：在这样的图纸上，米开朗琪罗记录了建造教皇尤利乌斯二世陵墓所需的大理石块。

左图：米开朗琪罗所作的感性的、命名不恰当的《垂死的奴隶》，藏于巴黎罗浮宫。

下图：最近一位学者认为米开朗琪罗雕刻了《拉奥孔》。而事实上，他可能仅修复并修饰了这个古代雕像。

《拉奥孔》

根据老普林尼（Pliny the Elder）在《自然史》中的描述，1506年1月，著名的《拉奥孔》雕塑在罗马埃斯奎利诺山（Esquiline Hill）的提图斯浴场（Baths of Titus）废墟中被发现。米开朗琪罗帮助组装雕像碎片，他很快就意识到这个多人雕像并不像老普林尼所说的那样是用一整块大理石雕刻而成的。尽管如此，这仍然是一个激动人心的发现，而对于米开朗琪罗之后的人生，《拉奥孔》一直是一个典范、灵感来源和挑战。

DANIEL
CVMAEA

西斯廷教堂天顶画

米开朗琪罗在1508年春天被召唤到罗马，但不是像他希望的那样为了重新开始尤利乌斯二世陵墓的工作，而是承担一项并不适合大理石雕塑家的任务——绘制西斯廷教堂天顶画。米开朗琪罗声称“绘画不是我擅长的艺术”，用来反抗专横的教皇尤利乌斯二世的意志，但这一反抗是徒劳的。正如他最初抵制的其他委托项目一样，一旦他接受了任务，他就会毫无保留地投入所有精力。

从1508年到1512年，米开朗琪罗苦苦挣扎于绘制高度不规则、漏水的拱顶画的各种困难中。这项委任有着令人生畏的困难，但它也释放了艺术家的想象力。米开朗琪罗开始易怒，并且忽视了健康和社交。他的父亲担心道：“在我看来，你的工作太繁重了，你的不健康和不快乐让我很难过。如果你生病或不开心，你的工作也会受到影响。”当米开朗琪罗承认自己没有钱而且“仍必须支付开销和租金”时，他的父亲变得更加担忧。

尽管米开朗琪罗曾在基尔兰达约的工作室工作，但他仍然缺乏绘制大面积壁画的经验。他聘请了一些佛罗伦萨同乡来帮助自己，包括他一直以来的朋友弗朗切斯科·格拉纳奇和朱利亚诺·布贾尔迪尼，以及才华横溢的年轻画家阿里斯托蒂莱·达·圣加洛。其他人则协助解决了一些技术问题，例如建造脚手架，以及对天顶进行预处理，以便在上面作画。总而言之，至少有十几个人在教堂里帮忙。他们运送着水、用于制作石膏的熟石灰、经过研磨和混合的颜料、准备好刷子、对草图进行针刺处理并转化为壁画。有几个人与米开朗琪罗一起工作，负责画小型人物、饰物细节和建筑装饰，而米开朗琪罗将大部分的中心叙事场景和所有重要人物留给了自己创作。据康迪维记叙，米开朗琪罗“在没有任何帮助，甚至没有人为他研磨颜料的情况下”，在二十个月内完成了这项工作，但显然康迪维把这项超人类的成就做了很大的夸张。

“起初，上帝创造了天地。”这句话出自《圣经》的第一卷《创

左图：西斯廷教堂天顶位于使徒宫，是教皇在梵蒂冈城的官邸。

世记》，当人们看到这件有史以来最伟大的艺术作品时，这句话就仿佛在人们耳畔响起，油然而生一种庄严感。就如同金字塔和中国的长城，西斯廷教堂永远让人们惊叹。在如今快节奏的充满技术奇迹的世界中，这幅天顶画让我们停下脚步，为艺术家的想象力和成就赞叹不已。没有人能够忘记这样的经历：穿过狭小的门廊，进入广阔的教堂，目光不可阻挡地朝着天空的方向凝视。

米开朗琪罗以颠倒的顺序绘制了这个巨大的桶形穹顶。他从最熟悉的人类原罪场景开始，然后进行到《创世记》场景，在这一场景里他必须想象并描绘上帝的面容和形象。这也是人们应该欣赏壁画的方式（尽管游客现在由另一端进入，即《最后的审判》下方）。我们应该从《诺亚醉酒》下方进入教堂，逆着时间顺序往《创世记》的方向走去，这个过程就好像我们从当下罪恶的状态走向信仰新生的圣坛。在总共九个场景（四大五小的长方形区域）中，米开朗琪罗想象着时间的开始。这并不是这个主题第一次被描绘，然而，就如同达·芬奇的《最后的晚餐》一样，它已成为了一个经典范本。

很多人发现很难专注于它的线性叙事。一部分原因是因为《创世记》场景只占据整个繁复穹顶的中轴线部分，许多其他元素和人物都吸引着人们的注意力。大多数游客并不是按照逻辑顺序观看天顶，而是从各种不同的方向兜转，每个方向都呈现出新的独特体验。靠近中心的位置是《创造亚当》的著名场景。上帝令人惊讶的能量与亚当的被动形成鲜明对比，后者渴望地看向他的创造者。在他们指尖之间的几厘米距离，横亘着艺术史上最伟大的时间和叙事停滞。这个姿势是整个天花板的焦点，具有强烈的磁场。它是有史以来最受普遍认可也最常被模仿的图像之一。

《创世记》场景的两侧是七位《旧约》先知和五位女预言家，女预言家即异教徒的女性先知。这些大型的男性和女性人物坐在大理石宝座上，每个人都有两个同伴（*genii*）来协助他们进行学术活动，包括阅读、写作和思考。在各个叙事场景之间，有二十位裸体青年（*ignudi*）经常与各场景交叠。这些人物属于与《创世记》场景不同的领域，他们是叙事与装饰、异教徒与基督教世界以及灵与肉之间的调和。这些裸体青年如坐在建筑画框上的活

《女预言家利比亚》

在《女预言家利比亚》的红色粉笔草图中，米开朗琪罗练习描绘了一个以不舒服的姿势扭转的男模特。这张小纸张大约为29厘米×21厘米，显示出艺术家试图处理的几个问题，例如重新绘制头部以赋予人物女性风度，以及专注于左脚大拇指这一看似微不足道的细节，这一细节对于表现身体的不平衡和笨拙的转身姿势至关重要。艺术家尝试画了三次脚趾，才达到解剖学上的准确。更重要的是，这样的处理使他完成了一个令人信服的动态人物，整个西斯廷教堂天顶画上大约有300个这样被成功塑造的人物。

下页：西斯廷教堂的装饰始于1488年，由一群早期画家创作了位置较低的壁画，之后再由米开朗琪罗绘制穹顶（1508—1512），并以《最后的审判》（1536—1541）结束。

保护行动

直至今日，西斯廷教堂的天顶画一直以其人物的密集和多样性而极负盛名。米开朗琪罗一直以其绘画技巧闻名，而非其上色技巧。1980年至1990年间，梵蒂冈开展了一项保护天顶画的行动，清扫了500多年的灰尘、清漆、和油腻的蜡烛油烟。对于大多数人来说，清理后显露的颜色令人惊喜，甚至让人震撼。明亮且不断变化的（*cangiante*）色调和意想不到的色彩搭配，创造了类似立体声的视觉效果，并有助于在自然光线中从远处观赏天顶，这一效果在现场观看要比欣赏复制品明显得多。

雕塑一样，他们是没有叙事理由或意义的动态人物。他们呈现出各种人们所能想象到的姿势，看起来自然，甚至舒适，但大多数姿势是人类完全无法实现的。在这里，米开朗琪罗发挥了全部才能，堪比一个影响了几世纪人的艺术学校。

在弦窗上，米开朗琪罗描绘了基督的祖先，创造了一个可视的家谱，从《创世记》开始，到先知和女预言家，再到下方的早先其他艺术家绘制的壁画中的摩西和基督的生活。他画每个窗户的速度都很快，大约只用了两到三天的时间，而且没有画板的帮助，这些都证明了他精湛的壁画技巧。最后，在角落里有四个关于战胜压迫的场景，代表了《旧约》预言的基督荣耀。

从很多层面上说，天顶画都是米开朗琪罗的艺术、文艺复兴和基督教神学的集大成者。就像威尔第的《安魂曲》或弥尔顿的《失乐园》一样，它是一个超凡的天才作品，永远不会在别人的观赏和描述中磨灭光彩。用歌德的话来说，“除非你看过西斯廷教堂，否则你无法充分认识到人类的能力有多么伟大”。米开朗琪罗在完成西斯廷教堂天顶画时只有37岁。如果他在1512年去世，他已经足以称得上是一位伟大的艺术家，但他在之后还活了五十二年。

上图：西斯廷教堂天顶画上的细节，展现了创造夏娃的场景。

下图：米开朗琪罗将左边青翠的伊甸园与右边流放时的贫瘠世界进行了对比，而流放时的亚当和夏娃已经衰老了很多。

I o gia facto ugozo i questo stento
chome fa laqua agacti i lonbardia
over da ltro paese ~~che essi~~ che si sia
cha forza luetre apicha socto lmento
La barba al cielo ella memoria sento
i sullo scrignio el pecto fo darpia
el pennel sopral uiso tuctavia
mel fa gocciando u richo pavimento
E lobi entrati miso nella peccia
e fo del cul p chotrapeso groppa
e passi seza gliochi muovo invano
D inazi misallunga la chorteccia
e p piegarsi adietro si ragroppa
e tedomi chomarcho soriano
po fallace e strano
surgie il iudicio che la mente porta
che mal si tra p cerbottana torta
la mia pictura morta
di fedi orma giovanni e l mio onore
no sedo i loco bo ne io pictore

前页：米开朗琪罗的一首十四行诗，内容是关于绘制西斯廷教堂天顶画之事，在边缘空白处有一个类似卡通的图案，描绘的是艺术家工作时的场景。他总结道："我状态不佳，我不是画家。"

上图：一个小笔记本（*taccuino*）中的几页，来自牛津阿什莫尔博物馆，上面有西斯廷教堂天顶画的人物草图。

圣洛伦佐教堂门面

在 1513 年上任后，教皇利奥十世的享乐主义品味转移到了绘画和拉斐尔身上。他非常了解米开朗琪罗的天赋，但还是得经过未来的教皇克莱门特七世，即当时的红衣主教朱利奥·德·美第奇的劝说，才决定雇用这位艺术家。在 1515 年教皇利奥十世对佛罗伦萨的访问期间，他强烈地意识到他的家庭教区教堂圣洛伦佐大教堂仍然缺少门面。完成由菲利波·布鲁内莱斯基设计的教堂将是虔诚的体现，也是佛罗伦萨财政的一笔收入，同时，这座教堂也将是一座宏伟的纪念碑，以及对美第奇家族的慷慨恩惠的永久铭记。

前页：米开朗琪罗的圣洛伦佐教堂门面设计准备稿，藏于佛罗伦萨的米开朗琪罗故居博物馆。

上图：菲利波·布鲁内莱斯基（Filippo Brunelleschi）在佛罗伦萨设计了圣洛伦佐教堂，但门面从未完工。

41 岁的米开朗琪罗开始了建筑师的职业生涯。他热情的美第奇赞助人想要“意大利最美丽的东西之一”，而米开朗琪罗则把这个门面想象成“所有意大利建筑和雕塑的镜子”，意思是指这座建筑能够反映并媲美最伟大的古迹。极其自信的米开朗琪罗开始“驯化山脉”，并开始塑造他想象中的伟大艺术作品。他的狂热野心感染了他同时代的人，也感染了他的赞助人们，让他们愿意承担巨额的开销，更感染了佛罗伦萨人，他们兴奋地看着第一批大理石块从遥远的采石场运送而来。

米开朗琪罗受罗马文物的启发，设想了一个全大理石的门面，并且由 12 个巨大的柱子装饰。尽管他之前几乎没有接受过建筑方面的训练，但他从阿尔卑斯采石场开采到了尺寸和质量都千年难得一见的大理石块，如此品质的石块甚至在今天都很难获得。他用绳索、滑车以及木制雪橇（Lizzatura）将巨大的石块运送下来，还组织了复杂的交通运输体系，找到并借用了昂贵且时有缺陷的设备；他工作时常常天公不作美，和他一起工作的人虽然经过精心挑选，但仍需要被训练。他筛选并检查了所有的材料，安排了绳索、滑车和船只，与马车夫讨价还价，并为最细小的、看似最微不足道的细节绘画图纸，然后将纸张翻过来计算，清点谷物的重量，起草信件或写诗。米开朗琪罗不仅是一位富有创造力的天才，也是一位精明的商人——一个兼具世俗才能和崇高境界的人。

采石是一种传统的、劳动密集型的工艺，从法老时代的

左图：米开朗琪罗为圣洛伦佐教堂门面制作的木制模型。

教皇利奥十世（1475—1521）

乔瓦尼·德·美第奇（中）是洛伦佐·德·美第奇的第二个儿子，并于1513年至1521年担任教皇，即利奥十世，这是佛罗伦萨第一位当选罗马教皇的人。他遵循家族传统，也成了一位重要的艺术赞助人。米开朗琪罗与利奥年龄相同，也只比红衣主教朱利奥·德·美第奇（未来的教皇克莱门特七世，上图拉斐尔画作中的左侧人物）大三岁。他花了两年时间（约1490—1492）与这些未来的赞助人一起生活在美第奇家。图中右边的是红衣主教路易吉·德·罗西（Luigi de' Rossi）。

埃及直到十九世纪引进炸药和螺旋线锯，在四千年间这项工艺几乎没有变化。其危险程度和所需费用也没有变化，运输费用大约为采石费用的十倍。整个运输要经过150公里的路程——从采石场通过雪橇运到谷底，通过牛车运到海岸，通过船只运到比萨，通过驳船沿着阿尔诺河运到锡尼亚，然后再通过牛车运到佛罗伦萨。这是一个复杂而充满各种问题的后勤操作。顺利地获得一块大理石是昂贵且耗时的，而为整个门面获取大理石看起来是几乎不可能的。

尽管大理石从远处的采石场开始抵达佛罗伦萨，教堂门面的命运却越来越充满不确定性。对于不断增加的费用的担忧可能是原因之一，历史的意外转折也是一个影响因素。洛伦佐二世·德·美第奇，这个著名的“伟大的洛伦佐”的孙子，也是家族延续的主要希望，于1519年突然去世。教皇利奥十世于是将他的计划从修筑宏伟的大理石门面改为了建造一个更为保守且负担得起的家族陵墓。在1520年利奥十世决定取消建造门面的项目时，米开朗琪罗已经投入了三年的时间和大量的精力，因此十分失望。

大量的大理石已经被开采并运往佛罗伦萨。在狭窄的棕色石头街道上，米开朗琪罗的大理石门面将会与中世纪城市形成鲜明对比。可悲的是，没有一块大理石被安装到位。原始的门面还是像布鲁内莱斯基所留下的那样，形成不规则的砖石结构，为鸽子提供了方便的栖息地。虽然这个野心勃勃的项目从未被实现，但它为米开朗琪罗之后的建筑师生涯铺垫了道路。

下页下图：典型的大理石块使人体的尺寸相形见绌。采石和运输这些重型材料是古代和文艺复兴时期最伟大工程壮举之一。

木撬运输

木撬运输（*lizzatura*）是从山上采石场将大理石块运输下来的过程。石块被捆绑在基础的木质雪橇（*lizze*）上，其滑板滑过木质横梁（*parati*），沿着陡峭的、由采石碎片构成的斜坡下滑。在岩石上大约每隔10米切出方孔以插入硬木柱（*pirri*），绳索缠绕木柱以控制石块下滑这一危险的过程。这一过程中常常发生事故，如果绳索脱落或滑车损坏则会导致人身伤害事故。

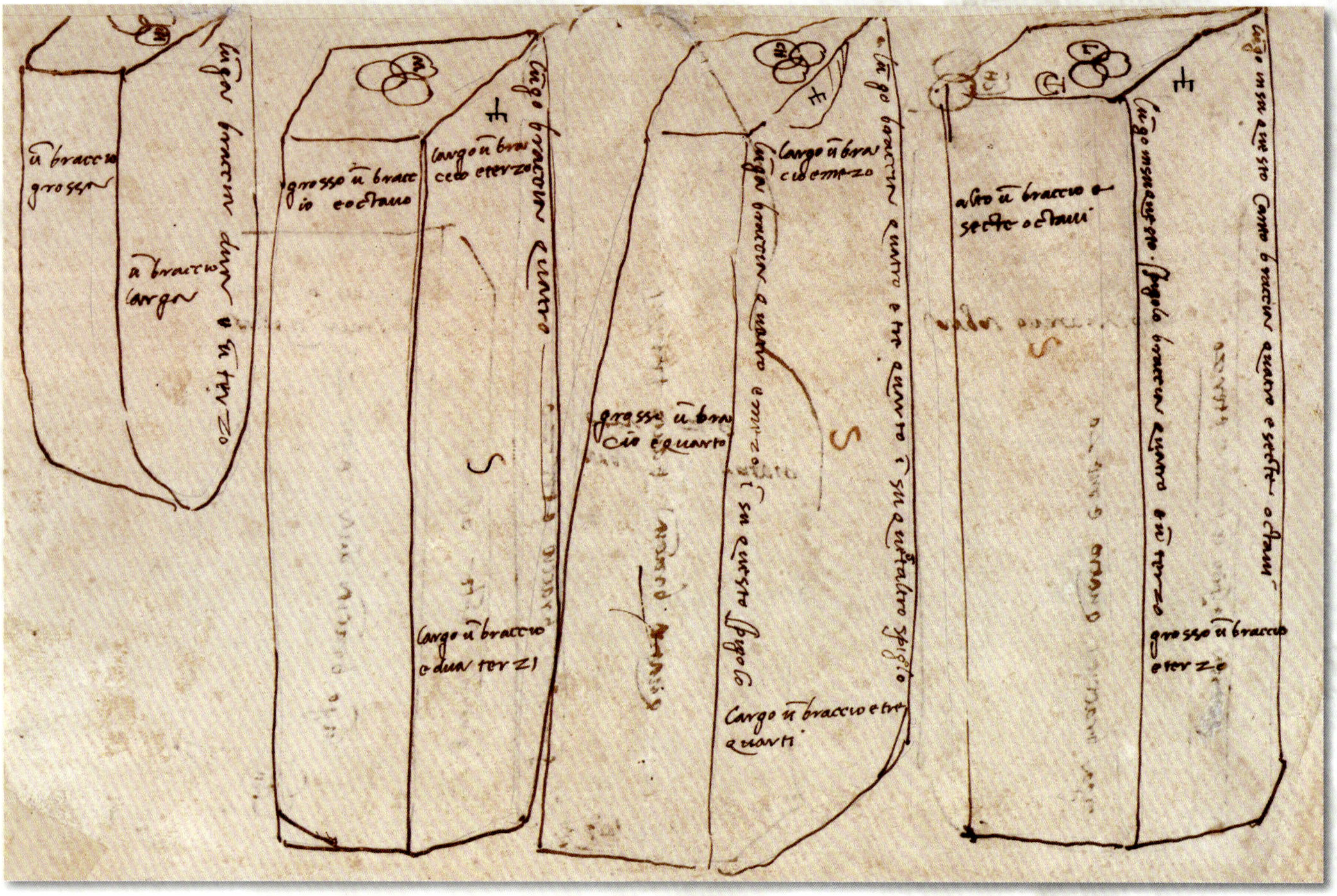

上图：米开朗琪罗所画图纸，描绘了已开采的大理石块，并已准备运往佛罗伦萨。每个石块图都写有尺寸（高度、宽度、厚度），指明负责挖掘的采石工（三个交叉圆环内的名字首字母）和确认库存的公证人标记（见图中的“S”）。

下页：米开朗琪罗的三餐菜单，写在从贝尔纳多·尼科利尼（Bernardo Niccolini）处收到的一封信的背面，日期为 1518 年 3 月 18 日。

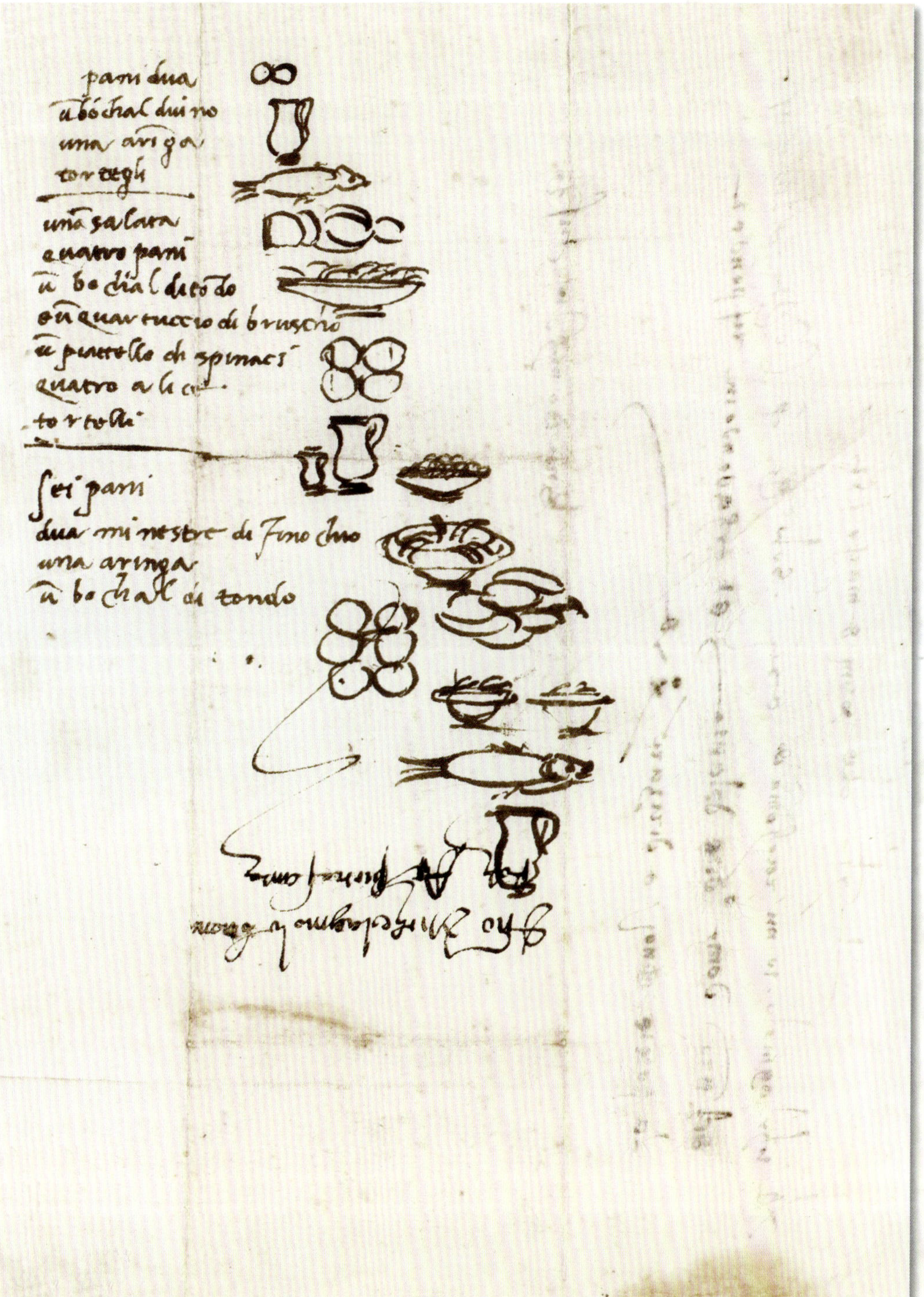
pani dua
u bochal di vino
una aringa
tortegli
una salata
quatro pani
u bochal di tondo
un quartuccio di bruscho
u piattello di spinaci
quatro alice
tortelli
sei pani
dua minestre di finochio
una aringa
u bochal di tondo

美第奇小圣堂

美第奇小圣堂在米开朗琪罗对圣洛伦佐门面项目的失望中诞生。小圣堂，或者说是新圣器堂，位于圣洛伦佐教堂的右翼耳堂，这里安息着杰出的美第奇家族的四位成员："伟大的洛伦佐"、他被谋杀的兄弟朱利亚诺，以及他们的同名后裔们，即乌比诺公爵洛伦佐和内穆尔公爵朱利亚诺。两位长辈"伟人"（"*Magnifici*"）被一同葬于未完成的双墓中，而两位后辈公爵被葬的两座陵墓是如今的小圣堂的主要装饰。

米开朗琪罗并没有立刻对这个新项目投入热情，也没有放弃建造圣洛伦佐教堂门面的梦想。从许多方面来看，这个新的委任项目仅仅是之前项目的一个干扰，只是因为洛伦佐突然死亡，以及赞助者的政治和经济环境发生了变化。但这正是米开朗琪罗的特点，即能够从这些沉闷的细节中塑造出普世而伟大的作品。

美第奇小圣堂是米开朗琪罗第一次实现他长期以来将建筑、绘画和雕塑结合起来的雄心壮志。尽管绘画被迫终止，而雕塑只完成了米开朗琪罗最初设想的一小部分，但从整体上来看，这仍是一个令人满意的陵墓建筑群，并且是这位艺术家最伟大的杰作之一。米开朗琪罗塑造了一个奢华的景观，大理石陵墓从墙壁中突出，而那些装饰陵墓的人物栩栩如生，仿佛要从他们的支撑物上滑落。

两位美第奇家族公爵的雕像位于石棺上方的浅龛中，石棺中盛放着他们的遗体。当米开朗琪罗被批评雕塑与真实人物不够相似时，他回应说，一千年后没有人会记得他们的样子。虽然马基雅维利将《君主论》献给了洛伦佐，但洛伦佐的持久盛名不是因为书中那些奉承的话语，而更多地归功于米开朗琪罗的大理石雕像。人们观看这些雕像并不是将他们视作历史人物，而是将他们当作象征，如同米尔顿的姐妹诗篇《快乐的人》和《幽思的人》。

尼科洛·马基雅维利（1469—1527）

尼科洛·马基雅维利（Niccoloò Machiavelli）是佛罗伦萨政治家、政治哲学家、历史学家和剧作家。他在担任佛罗伦萨共和国的秘书（1498—1512）的同时，米开朗琪罗正在雕刻《大卫》，并和达·芬奇一同被委任在领主宫绘制歌颂佛罗伦萨与教皇之间伟大的战争的壁画。当美第奇家族于1512年重新获得权力时，马基雅维利被流放，但仍希望继续获得支持，因此他将他最著名的作品《君主论》（1513年）献给了洛伦佐·德·美第奇，洛伦佐的雕像装饰着美第奇小圣堂。

前页：图中的陵墓属于洛伦佐·德·美第奇，他是乌比诺公爵，也是马基雅维利《君主论》献书的对象。

上图：十六世纪佛罗伦萨艺术家圣·第·蒂托（Santi di Tito）所绘的马基雅维利肖像。

前页：米开朗琪罗用黑色粉笔所画的美第奇陵墓图稿。

上图：在朱利亚诺的陵墓上，《昼》那令人难以忘怀的面庞从他肌肉发达的肩膀后浮现，就像太阳从海角升起。

四个裸体的象征式的人像靠在弯曲的石棺盖子上。传统意义上，这些人像代表了《昼》《夜》《晨》《暮》，表现了人物对于时间的冥想。米开朗琪罗几乎不依赖于象征符号（除了《夜》），而是依靠肢体语言和不同的完成度和抛光来表明他们的身份。《夜》的异常肌肉化、男性化的身体弯曲成人体无法实现的姿势，但她仍保持着一种完美的宁静感。她处于半睡半醒之间，比人类神圣，比大理石更像肉身，她皮肤的光泽唤起月亮的神秘光芒。《昼》是四个人物中最强壮和扭曲的。他未完成的头部暗示了光的不确定性和时间的模糊性。另一个对于“未完成”（*non-finito*）的类似运用体现在了《暮》的头部。粗略雕刻的面部特征与身体的抛光表面形成鲜明对比。《晨》的光滑四肢如同冰川一般从石棺盖的弯曲表面滑下。她揭开的面纱暗示着从黑暗的笼罩下露出的初曦。她眉骨下空着的眼眶，和张开但同样空洞的嘴巴，让我们停留在不同的情感之间以及沉默和言语之间，就如《晨》在黑暗与光明之间。

这四个象征符号占据了我们的注意力。这证明了米开朗琪罗的艺术设想的力量，我们即使从他最初想法的碎片中也能感受到一个完整而令人满意的艺术作品。米开朗琪罗创造的这座小圣堂虽然并未完成，但它既可以纪念死者，也可以精彩地展现美第奇家族的政治野心和王朝统治。他的超凡艺术让这些人物永恒不朽。与此同时，这座小圣堂也唤起了人们普遍的感叹，唏嘘世俗人生和名利的稍纵即逝。

米开朗琪罗的助手

米开朗琪罗在圣洛伦佐教堂雇用了300多人，其中一半左右的人都以他们有趣的绰号而闻名，例如：“小骗子”“呆子”“怪人”“脂肪”“多刺”“多节”“左撇子”“矮胖”“苍蝇”“鸡”“鹅”“马”“豪猪”“啄木鸟”“尼禄”“牧师”“修道士”“教父”“土耳其人”以及可能是很多笑话的笑点的“反基督”。米开朗琪罗记录了他们的名字、工资，和他们每周工作的天数。他本人认识他的大部分助手，他熟悉他们的才能，并雇用了他们的父亲、堂兄弟和邻居。这种熟悉是一种工程质量控制的方式，极大地保障了劳工的稳定性。

右上图：米开朗琪罗和他的助手在西斯廷教堂的脚手架上。

下页：《夜》是四个寓言中唯一伴有象征符号的：月亮王冠、一大束罂粟花、一只猫头鹰、一个面具，这些都是黑暗、睡眠和死亡的象征。这座雕像位于内穆尔公爵——朱利亚诺·德·美第奇的陵墓。

劳伦图书馆

有大约18年的时间（1516—1534），米开朗琪罗致力于美第奇在圣洛伦佐教堂的委任项目，这项任务证明他是一位高效的业务经理，某种意义上来说也是一位企业家。在致力于美第奇小圣堂的同时，他建造了劳伦图书馆（Laurentian Library），这座图书馆收藏了美第奇家族捐赠给圣洛伦佐教堂的书籍。游客们从一个蜿蜒的小道，穿过一个寻常的修道院回廊，攀上一段狭窄的楼梯，步入一个巨大的垂直空间。与附近的美第奇小圣堂的内部一样，图书馆的内部是一个充满创意的空间。

图书馆入口前厅是米开朗琪罗最著名的建筑作品之一。成对的巨大柱身从巨大而拟人化的支架肩部升起，与一段段破碎的柱顶线盘汇合。访客们在这样庄严的环境中不禁感到自身的渺小。石柱坚固地靠立于延展的墙壁，看起来，墙壁像是在石柱周围前进、后退，并将角落的石柱挤入深处的缝隙中。墙壁托架出人意料地整齐，并且依稀有着马的外观，它们在四个角落中融合在一起，好像承受着巨大的地质压力。

填充大部分空间的是那段著名的楼梯，相比我们所见过的单调乏味的楼梯，这个楼梯是最独特的一个。楼梯有三层高，将人们从嘈杂的外部世界移到宁静的图书馆内。中间的一段楼梯由几乎起不到防护作用的矮栏杆所组成，而两侧的楼梯则倾斜到开放的空间。楼梯看起来像黏性材料，或者像米开朗琪罗所描述的那样，像一系列椭圆形的盒子叠在一起。它们流入空间、向外扩展，仿佛将要填满整个空间。

人们常说在图书馆的前厅会感到封闭和压抑，这种感觉主要产生于人们以仆人的姿态站在巨大楼梯的旁边时或从两侧的楼梯攀爬时。米开朗琪罗写道，中央的楼梯是“为君主所设”，登上它会让人感到像个贵族。图书馆的前厅是宽敞的，一根根柱子昂首挺立，仿佛整齐的侍从。

上图：米开朗琪罗的图书馆楼梯设计和柱基的细节。他将层叠式图书馆楼梯描述为一系列椭圆形盒子。

上页：图书馆楼梯设计的现实化体现了自由流动的感觉。

文艺复兴时期的房屋

佛罗伦萨及其周边的文艺复兴时期的房屋大部分都完好无损。得益于国家档案馆的丰富档案，人们可以追踪财产的所有权、出生和死亡通知、税务申报、行会注册记录、法律纠纷等等。图中是一个现存的农场，位于菲耶索莱附近的一个叫佩拉加西奥（Pelagaccio）的地方，此地在俯瞰着佛罗伦萨的山上。米开朗琪罗聘请了许多住在该地区的居民来开采石块，建造圣洛伦佐教堂并进行雕刻。

上页上图：劳伦图书馆阅览室的内部，其中的暖胡桃木桌子以固定的间距分布在石框窗前。

下图：泥金装饰的亚里士多德的十五世纪手抄本，藏于美第奇图书馆。

右图：米开朗琪罗为一个三角形的善本书房所绘的设计图稿。

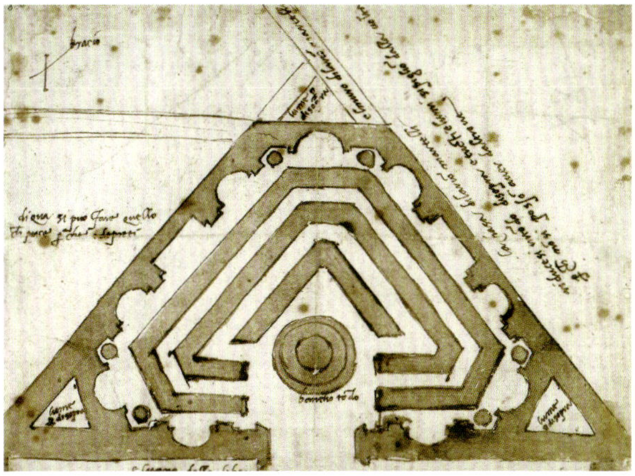

PRAEFATIO IOHANNIS ARGIROPYLI BIZANTII IN PHISICORVM ARISTOTELIS LIBROS AD PRESTANTISSIMVM VIRVM PETRVM MEDICEM·

IOHANNES·ARGIROPILVS·BIZANTIVS·MAGNIFICO VIRO·PETRO·ME-

美第奇图书馆

科西莫·德·美第奇（Cosimo de' Medici，1389—1464）和他的朋友——书商尼科利（Niccolò de' Niccoli）一起在佛罗伦萨的圣马可修道院建造了一个图书馆，这是欧洲第一家此类公共机构。该图书馆中的藏书成了佛罗伦萨最好的希腊图书馆的核心馆藏，后来又被整合到位于圣洛伦佐教堂的美第奇馆藏中，并且馆藏内容得到了极大的扩充。科西莫的孙子洛伦佐（1449—1492）最先希望在圣洛伦佐建造一个图书馆，而这个项目最终由米开朗琪罗在教皇克莱门特七世任内实现。馆藏中有许多泥金装饰的希腊文和拉丁文手抄本，它们可以称得上是世界范围内最好的文艺复兴时期书籍艺术样本。

穿过楼梯之后就是图书馆的有序世界。书本用静默的语言叙述着君主的惠赠。和几世纪后的弗兰克·劳埃德·赖特一样，米开朗琪罗认为建筑中的摆件是设计整体不可或缺的一部分。规律摆放的阅读桌强调了房间简单的几何布局。同样地，墙面间的衔接也考虑到要与摆件相互协调：墙面上的横条装饰与桌面齐平，而壁柱则位于横条之上。因此，家具对墙面也起到了视觉上的支撑的作用。两排隔开的桌子，让光线通过巨大的石框窗户落在读者的肩膀上。规律的间隔宛若均匀的节奏，创造了一个有利于安静学习的和谐空间。在阅览室内，楼体、摆件和书籍——分别代表着建筑、装饰和功能——无缝地融为一体。坐在手工雕刻的胡桃木桌边，这个集舒适座位、阅读时书的支架和贮藏收纳为一体的设施，让读者也成了建筑的一部分。

阅览室的尽头是一个三角形的善本书房。正如我们从关于这个不同寻常的空间的手绘稿中所见，米开朗琪罗像对雕塑和绘画一样，对建筑进行了大胆实验。三角形的房间效果会如何？如果它当时能够被完全建成，那么整个图书馆将会形成一个几何形状的序列——正方形、矩形、三角形，同时这也是对学习生活的一个隐喻：一个人走进知识，但只有通过勤奋学习才能获得最大的智慧，这样的智慧就被包含在这有如圣殿的善本室中。

根据瓦萨里的说法，米开朗琪罗的美第奇建筑与传统建筑有很大的不同：它展现了一种“许可”，推翻了规则和预期。历史证明了米开朗琪罗别具一格的原创性，他在佛罗伦萨的创造对后来建筑的发展产生了深远的影响。

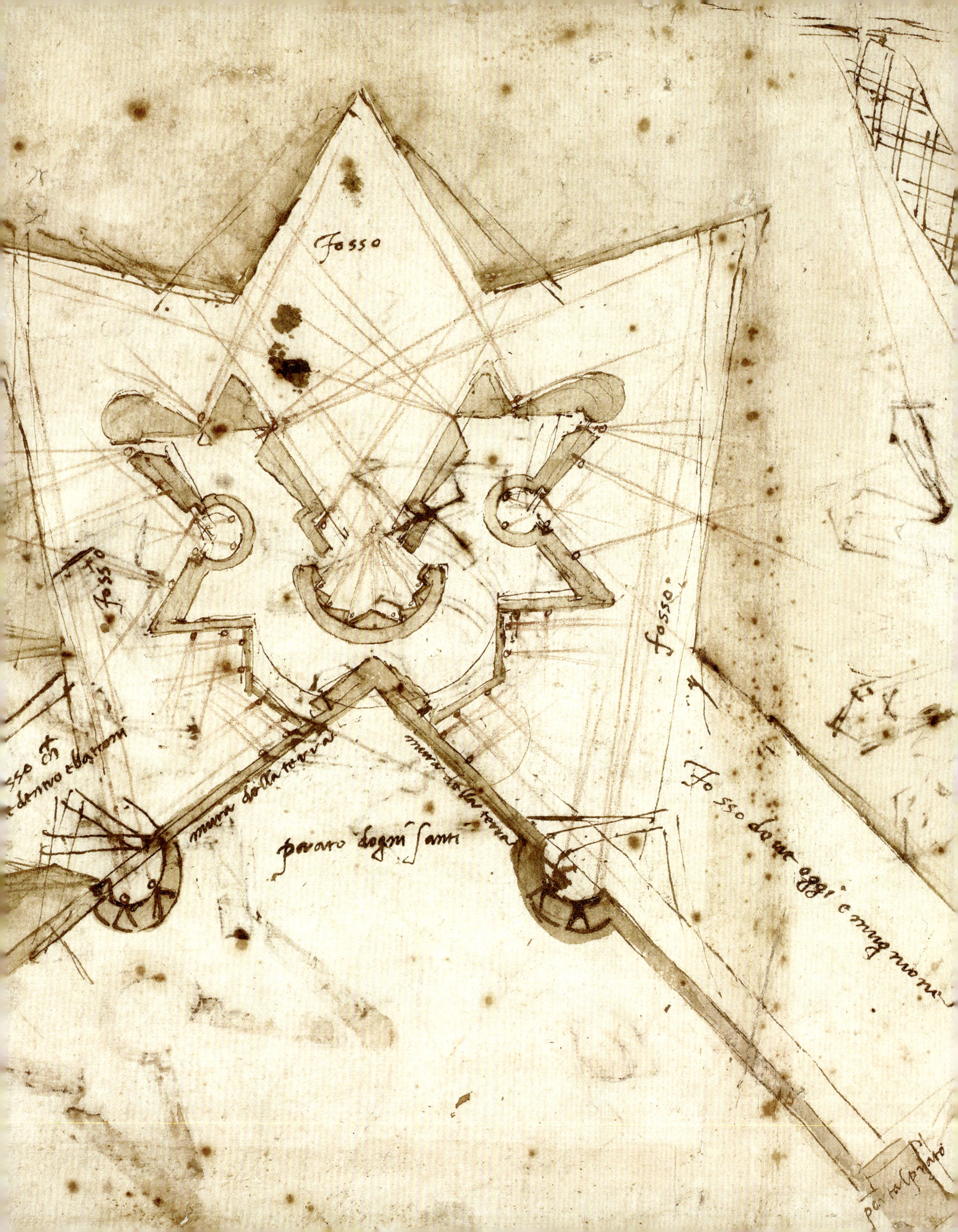
Fosso
Fosso
fosso
mura della terra
mura della terra
porta dogni santi
Fosso dove oggi è mugnone
porta al prato

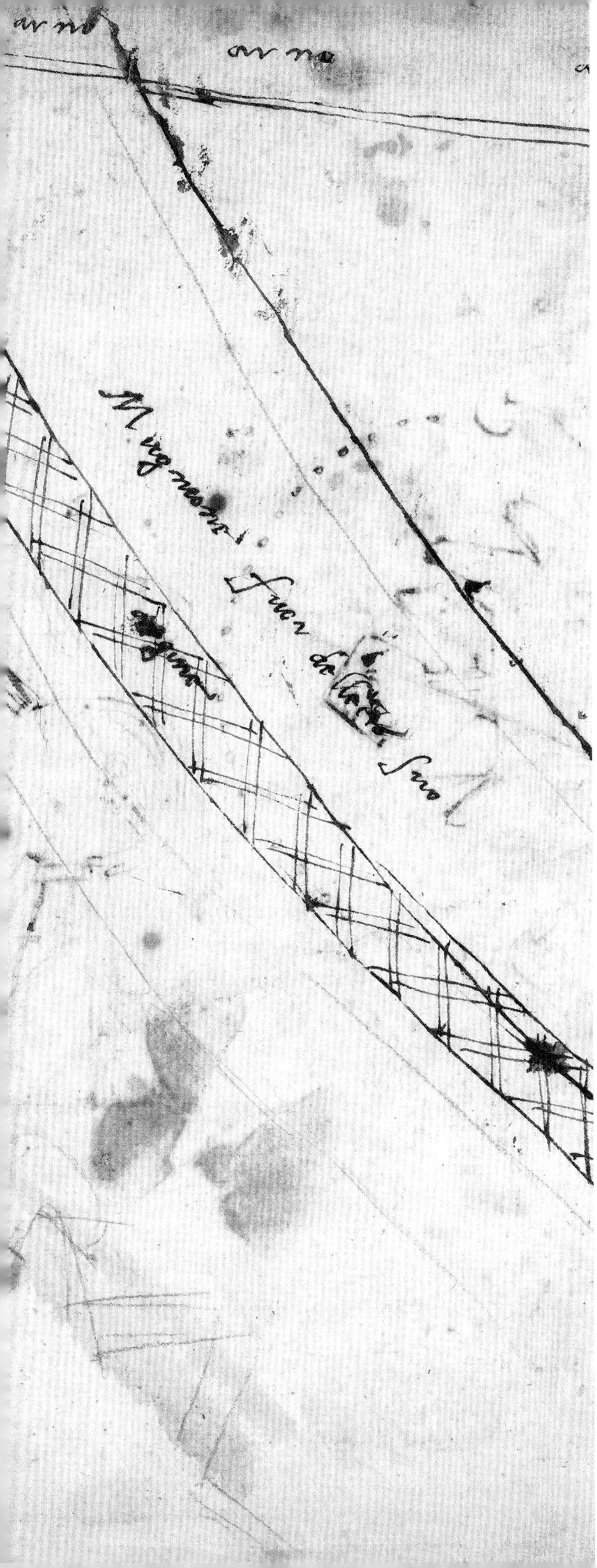

战争及其后续

从1523年11月教皇克莱门特七世登基开始，米开朗琪罗就在圣洛伦佐教堂忙碌得像个陀螺。然而，在1527年初，米开朗琪罗遭遇了教皇对圣洛伦佐教堂的资金削减，而比这影响更大的是美第奇家族和教皇的野心。教皇克莱门特七世站在欧洲冲突的边缘。他试图挑拨神圣罗马皇帝查理五世和法国国王这两股相互竞争的力量，以遏制意大利诸国的争端和恶行，并阻止天主教会背叛的潮流，但并未成功。克莱门特七世是一位伟大的艺术赞助人，但不是一位高明的政治家。在他的阴谋和犹豫之下，他带领着教皇国陷入灾难，并以1527年5月的“罗马之劫”而告终。

在“罗马之劫”的消息传到佛罗伦萨后不久，美第奇家族就被驱逐出城，共和政府得以恢复（即所谓的“最后的共和国”，1527—1530）。被故乡背叛的克莱门特七世，在接下来的三年里不知疲倦地工作，以求重新建立他的家族对佛罗伦萨的控制权。1529年6月，克莱门特七世和查理五世签署了《巴塞罗那条约》，葬送了佛罗伦萨试图维持其短暂独立的希望。此时此刻，世界政治的舞台上出现了米开朗琪罗的身影。尽管克莱门特七世对他努力劝阻，米开朗琪罗仍然选择与他的故乡站在一起，毕竟，他是个具有深刻共和主义情结的佛罗伦萨人。政府任命他为防御工事总督，并派他去检查佛罗伦萨附属城镇的防御，包括比萨和利沃尔诺。此外，他还访问了费拉拉，因为那个城市的防御工事被认为是意大利最先进的，而阿方索·德斯特公爵则是一个著名军火库的潜在盟友。为了确保得到阿方索的支持，米开朗琪罗承诺为他的私人陈列室（*studiolo*）绘制《勒达》。

左图：米开朗琪罗的佛罗伦萨防御工事设计（约1528年）。图中展现了一个类似触手的有角棱堡，周围是护城河（标记为“*fosso*”），这座堡垒将被建造在城墙的角落（标记为“*muro*”），靠近奥内溪流入阿尔诺河的地方。

罗马之劫

1527年5月，罗马被神圣罗马帝国皇帝查理五世（1500—1558）的被欠军饷和毫无军纪的军队无情洗劫，这是一千多年来的第一次。在几个星期的时间里，三万名士兵对这座城市烧杀抢掠。残酷的占领一直持续到1528年2月。当帝国军队离开这座城市时，罗马的大部分设施都遭到了破坏，经济陷入混乱。这对于教皇和意大利而言，在政治、心理和艺术层面都是一次毁灭性的打击。

米开朗琪罗的《勒达与天鹅》

米开朗琪罗在费拉拉时，曾受阿方索·德斯特公爵（Duke Alfonso d'Este）邀请为他著名的陈列室作画，为他的收藏增色。他已有的收藏包括当时的艺术家乔瓦尼·贝利尼（Giovanni Bellini）和提香（Titian）的作品。米开朗琪罗同意画一幅《勒达与天鹅》，这样做不仅可以满足一位热切的赞助人，也可以与自己最重要的对手提香竞争，还可以助益政治社交。然而，当阿方索未能为佛罗伦萨提供帮助时，米开朗琪罗将这幅《勒达与天鹅》送给了他的学生安东尼奥·米尼（Antonio Mini），而后者将其带到了法国，之后此画作在法国被毁。

在文艺复兴时期，军事工程是艺术家技艺的一个重要方面。米开朗琪罗曾打趣说，他对绘画和雕塑知之甚少，却是防御工事的专家。与大多数文艺复兴时期的艺术家和无数军事理论家不同，他不仅有机会设计防御工事，而且还有机会建造防御工事，并在战争时期证明其功效。相比起达·芬奇，米开朗琪罗才是真正的文艺复兴时期的工程师。

米开朗琪罗起草了许多有角棱堡的创新设计，并着手保护佛罗伦萨的中世纪城墙免受现代大炮的摧毁。米开朗琪罗在 1529 年到 1530 年间建造的临时防御工程都没能够保留下来，但他的设计草图充分显示了他对该项目的浓厚兴趣和他设计的独创性。这些草图表明米开朗琪罗考虑了防御状态下的进攻潜力：在星堡和棱堡设计中，他标记了射击线，为幕墙和隐蔽的入口提供最大程度的保护。尽管米开朗琪罗的星堡和棱堡主要是为防御文艺复兴时期的轻武器射击而设计的，但它们也有效地抵御了新型大炮的攻击。通过发明棱堡并证明其功效，米开朗琪罗开启了防御工事设计史上最长的篇章。同样的基本原理被沿用到了美国内战，以及在第二次世界大战之前建立的法国马其诺防线。

米开朗琪罗设计的防御工事在成功抵抗一支强大的军队后被证明有效，但佛罗伦萨逐渐因疾病、饥饿和背叛而衰落。经过十个月的折磨，这座城市最终于 1530 年 8 月 12 日投降。在战争后的混乱中，这座城市持续地处于报应的诅咒中。这当然是米开朗琪罗生命中最危险的时刻。他能在共和国动荡的余波中幸存下来是一个奇迹。米开朗琪罗没有理由期待他以前赞助人的宽恕，但克莱门特七世原谅了他的背叛，并要求他完成他在圣洛伦佐的工作，这充分体现了克莱门特七世的性格（这一性格与他的教皇尊号十分吻合，“克莱门特”意为“温和”）。

前页上图：十六世纪的意大利雕刻，展现了 1527 年罗马之劫时，教皇克莱门特七世被困于圣天使城堡（Castel Sant'Angelo）的情景。

前页下图：米开朗琪罗的《勒达与天鹅》藏于伦敦国家美术馆的副本。

上图：该画作描绘了米开朗琪罗正在监督佛罗伦萨市的防御的情景。马泰奥·罗塞里（Matteo Rosselli）绘，藏于佛罗伦萨米开朗琪罗故居博物馆。

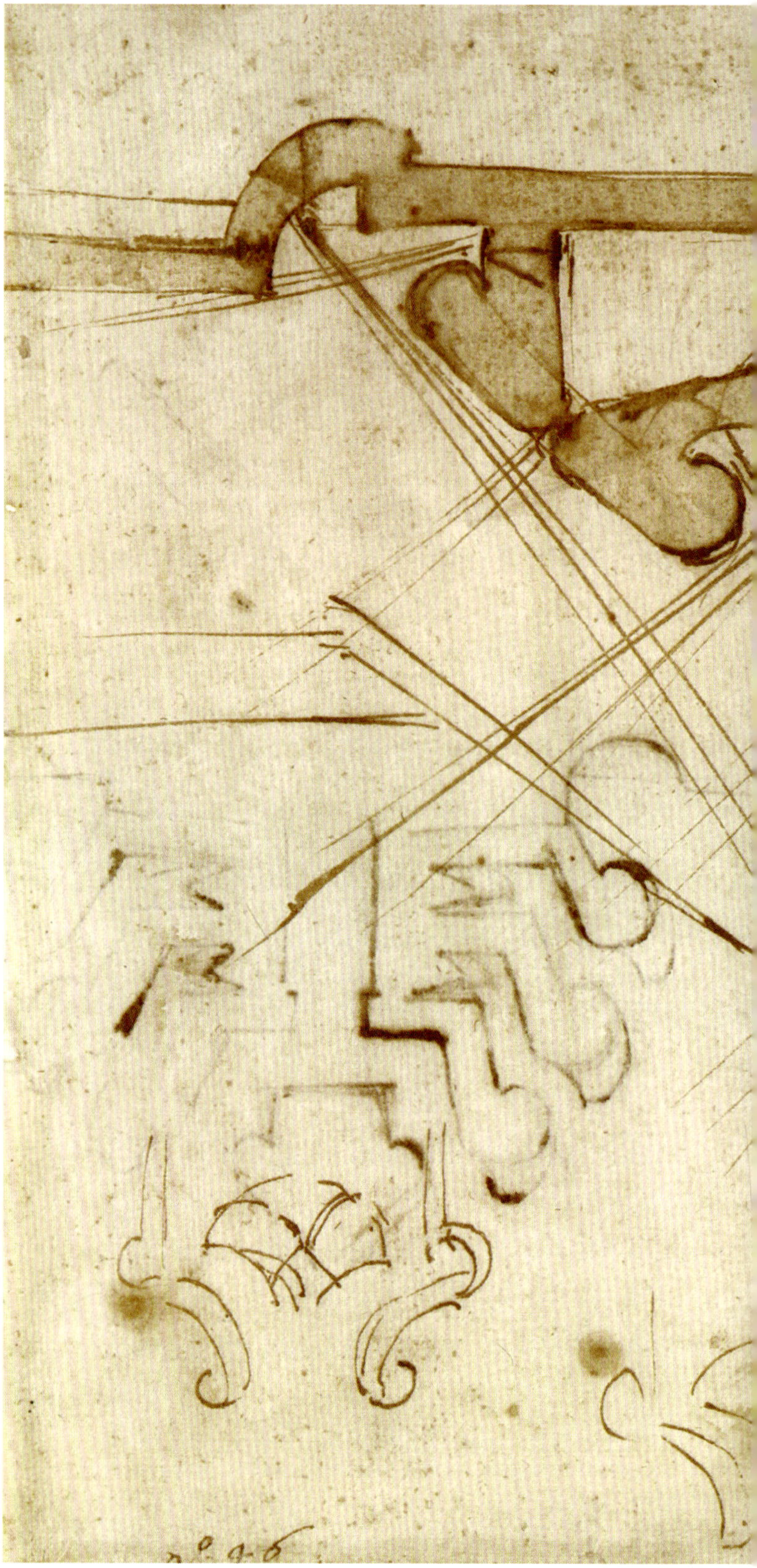

上图：乔治·瓦萨里（Giorgio Vasari）的壁画中的细节，表现了 1529—1530 年的佛罗伦萨围城战，藏于佛罗伦萨旧宫（Palazzo Vecchio）。

右图：米开朗琪罗对于保卫圣米尼亚托门的棱堡的设计，在绘制射击线时，考虑到了防御工事的进攻潜力。

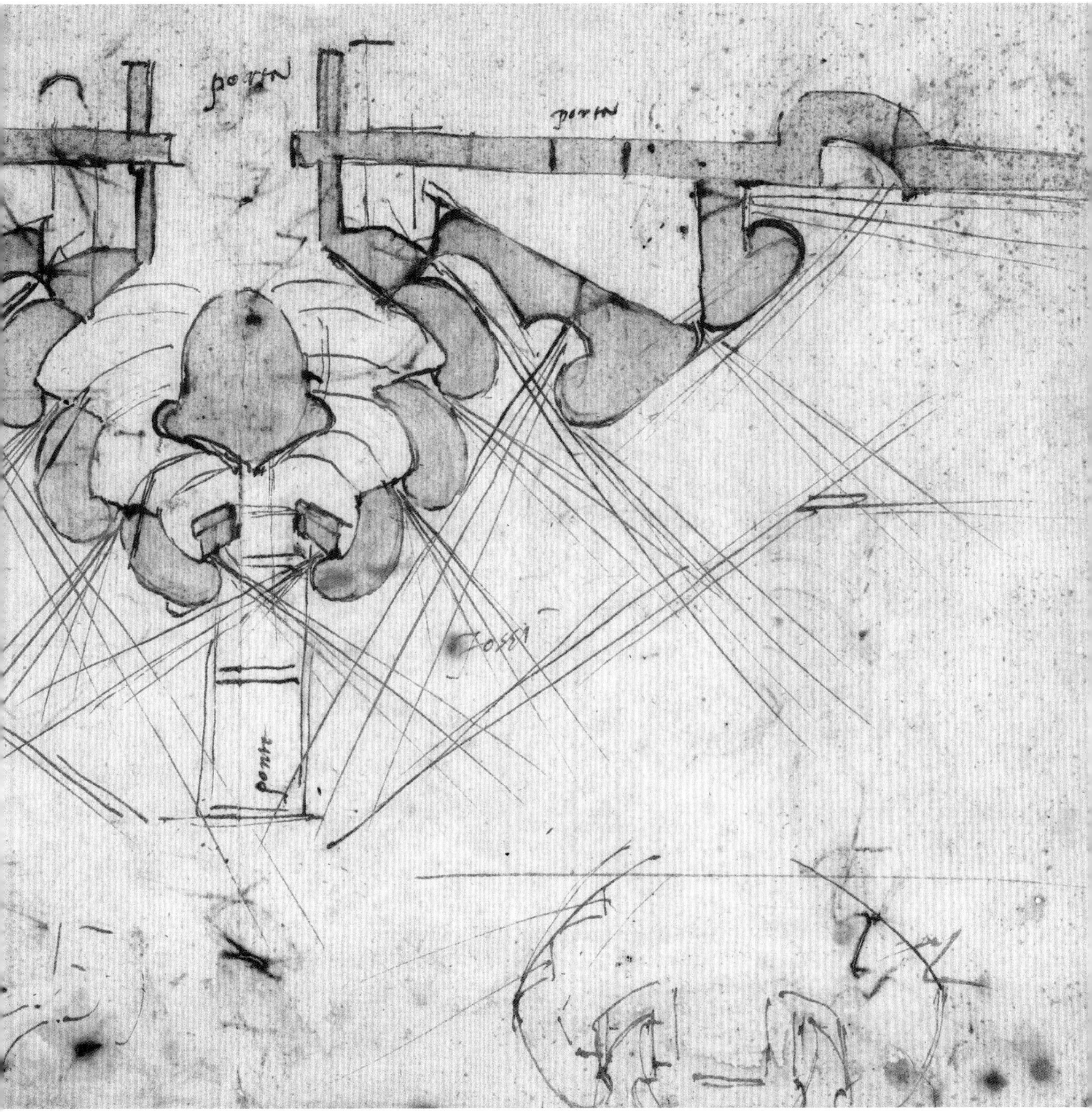
porta
porta
fossi
ponte

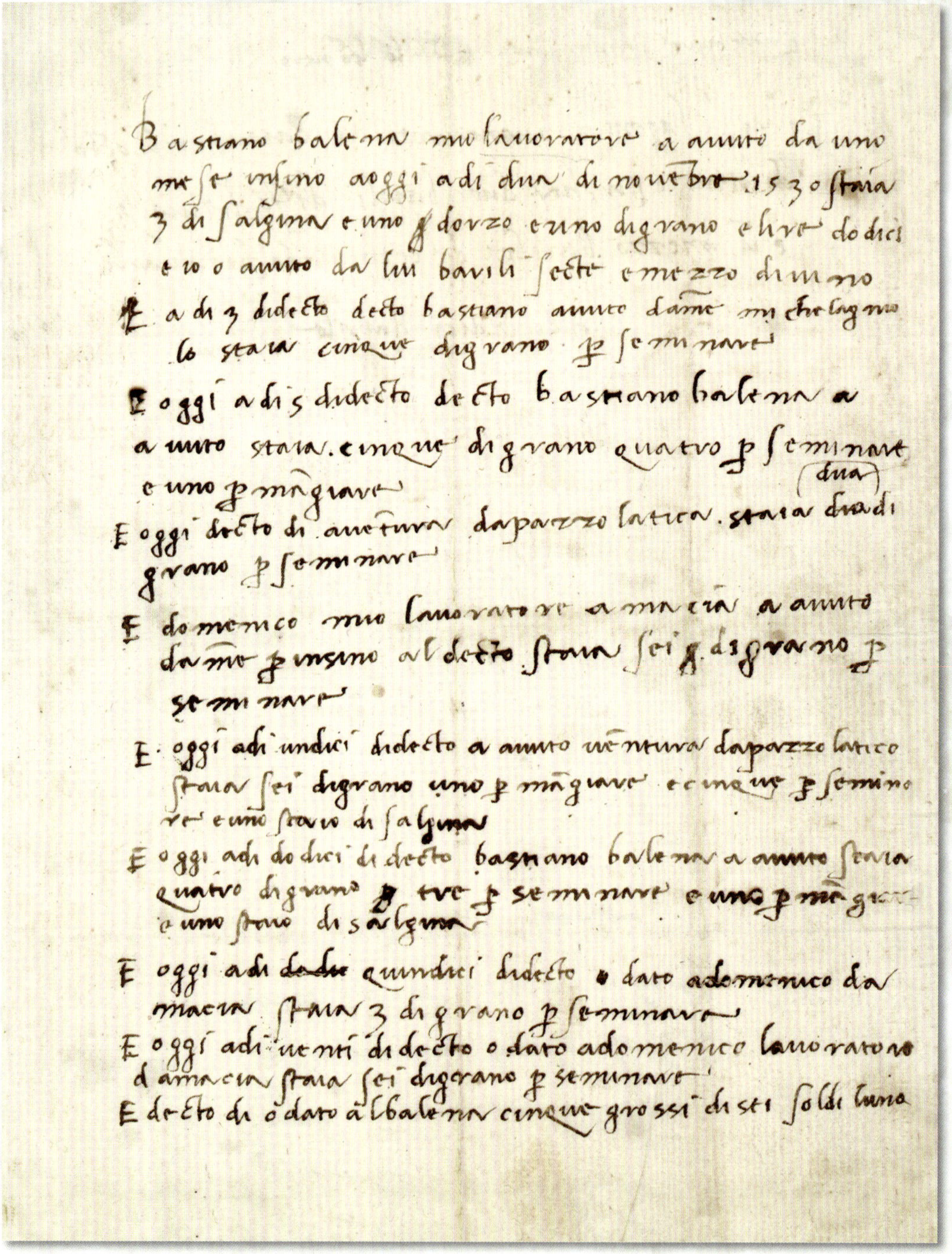
Bastiano balena mio lavoratore à avuto da uno
mese insino oggi adì dua di novembre 1530 staia
3 di saggina e uno d'orzo e uno di grano e lire dodici
e io o avuto da lui barili sette e mezzo di vino
E a dì 3 di decto decto bastiano à avuto da me michelagnolo
staia cinque di grano per seminare
E oggi adì 5 di decto decto bastiano balena à
avuto staia cinque di grano quatro per seminare
e uno per mangiare
E oggi decto dì à ventura da pozzolatico staia dua di
grano per seminare
E domenico mio lavoratore a macia à avuto
da me per insino al decto staia sei di grano per
seminare
E oggi adì undici di decto à avuto ventura da pozzolatico
staia sei di grano uno per mangiare e cinque per semina
re e uno staio di saggina
E oggi adì dodici di decto bastiano balena à avuto staia
quatro di grano per tre per seminare e uno per mangiare
e uno staio di saggina
E oggi adì ~~dodici~~ quindici di decto o dato a domenico da
macia staia 3 di grano per seminare
E oggi adì venti di decto o dato a domenico lavoratore
da macia staia sei di grano per seminare
E decto dì o dato al balena cinque grossi di sei soldi l'uno

前页和上图：米开朗琪罗的日记，他记录了在 1529 年至 1530 年佛罗伦萨围城期间周围房屋遭到破坏后，他的农场供应的谷物和种子。上图则列出了仍然在他家中的液体存货，这是当时围城期间应对饥荒的政府所要求的。文字的开头是：“*Io Michelaagniolo buonarroti o in casa barili octo di vino ...*”（“我，米开朗琪罗·博纳罗蒂，家里有八桶葡萄酒……”）

对“未完成”的发明

米开朗琪罗艺术中最重要的发展之一是他越来越多地使用“未完成”（*non-finito*）的手法。这种手法首先出现在像《圣马太》这样的废弃作品中，然后体现在表面上已经完工的作品的未充分抛光的区域，例如《皮蒂圆浮雕》和美第奇小圣堂中的《昼》，这种雕塑中的“未完成”被米开朗琪罗用作一种美学效果，类似于达·芬奇画作中的烟雾（*sfumato*），这两种效果都被用于创造更大的空间感和立体感。

米开朗琪罗于1534年离开罗马时，将他未完成的《圣母子》大理石雕像群留在了佛罗伦萨的工作室中。这组大理石雕像本来被设计用于美第奇小圣堂，作为从未被建造的美第奇君王陵墓的中心装饰，但直到很多年后才被安装。这件作品已经差不多完工，如果艺术家当时留在佛罗伦萨，定然已经被完成。许多其他未曾离开过工作室的雕塑，尤其是学院美术馆的奴隶雕像和《胜利者》，引出了关于“未完成”的更尖锐的问题。

目前位于佛罗伦萨学院美术馆的四个奴隶或俘虏雕像，是许多热爱米开朗琪罗艺术的人最喜欢的作品之一。每个未完成的雕像都被多余的大理石包裹，我们能够感觉到人物从石块中浮现出来。在米开朗琪罗诗歌的艺术启发下，我们可以想象雕像的灵魂渴望挣脱尘世物质的牢笼。另一种解释是，米开朗琪罗没有机会完成这些作品，因此在离开佛罗伦萨时将它们遗弃在了工作室中。相比起如此平庸的理解，第一种解释的诗意的描述更令人信服，并让人充满想象。即使是两个完成度最高的作品，《年轻的奴隶》和《浓髯的奴隶》，也有很多部分未被完成，至少根据文艺复兴时期流行的品味来看是如此。然而，米开朗琪罗是否有可能是在通过尝试“未完成”的表达可能性来建立一种新的审美？他发现，有时候通过更少的内容能表达更多信息，暗示比明示更为清晰。

《胜利者》是一件奇妙的作品，具有不确定的意图和目的。作品中，一个非常高大的年轻人主导着一个年长的男

《复活的基督》

米开朗琪罗为罗马的神庙遗址圣母堂雕刻了《复活的基督》大理石雕像（上图）。这项委任项目为他提供了用古典语言表现基督神性的机会。对于许多人来说，这个人物一丝不挂的正面裸体形象激起了人矛盾的情感。雕刻一个真人大小的裸体基督大理石雕像当然是大胆的，但它在肖像学和神学上是合适的。米开朗琪罗的同时代人认为《复活的基督》是一个动人而极度美丽的雕塑，忠实于神圣的历史和礼仪。

前页：米开朗琪罗于1534年离开罗马时，将他未完成的《圣母子》留在了佛罗伦萨的工作室中。

人，后者以扭曲折叠的姿势不舒服地蹲在青年的左膝下面。年轻人拉长的身体扭曲的程度夸张到人类难以实现。从雕塑的下方（*di sotto in su*）看去，胜利者的比例更加奇怪，特别是其偏小的头部和细长的身体。鉴于这件作品有多个适合观赏的角度，很难确定哪一面才是雕像的正面。

大多数学者认为《胜利者》是为了教皇尤利乌斯二世的陵墓所作。然而，就像学院美术馆的人物一样，它被纳入了公爵的收藏（译者注：此时的公爵为佛罗伦萨公爵，科西莫一世·德·美第奇），并被视作一件独立的艺术品。脱离开它原先的创作意图，这座雕塑被公认为独一无二的杰作。正如米开朗琪罗的一贯作风，他的这件雕塑作品几乎没有先例，也几乎没有传统的痕迹，这是一件未完成的作品，而且并不能被完全阐释。

诸如《胜利者》之类的雕塑提出了一个有趣而棘手的问题，即米开朗琪罗是否有意完成它们。这些人像仅仅是被遗弃了，还是他有意识地在探索"未完成"的表达可能性？学院美术馆中的奴隶雕像和《胜利者》提供了一种新的审美态度：一个未能达到预想的创作意图的雕塑仍然有其存在的理由——未完成的作品可被视为艺术品并激发灵感，让人欣赏和模仿。因此，米开朗琪罗扭曲的均衡构图和"未完成"的状态，帮助塑造了未来几个世纪的艺术理论和实践。一场美学、技术和品位的革命已经开始。对于许多现代观众来说，米开朗琪罗未完成的雕塑是他最有趣和最有影响力的一类雕塑。

奴隶雕像的家

当米开朗琪罗于1534年离开佛罗伦萨时，现在藏于学院美术馆的四个奴隶雕像仍然在他位于佛罗伦萨的工作室。之后没有艺术家敢于完成这些人物雕像。这些不完整的雕像受到广泛的赞赏，并且非常引人注目地被保留在了未完成的状态。佛罗伦萨的雕塑家和建筑师贝尔纳多·布翁塔伦蒂（Bernardo Buontalenti，1536—1608）通过将他们放入皮蒂宫（Pitti Palace）波波里花园（Boboli Gardens）人工石窟这一充满意境的环境中，帮助完成了这四个雕像，使得他们宛若从天然岩石中浮现。

前页左图：米开朗琪罗在旧宫的《胜利者》似乎违背了所有传统。它被完成了吗？这些姿势有可能实现吗？这个雕塑有什么含义？

前页右图：如果米开朗琪罗完成了这件作品，这个所谓的《觉醒的奴隶》将几乎无法站立。

上图：波波里花园中的洞穴式石窟专门为米开朗琪罗的四个未完成的奴隶提供了一个场景，其原作现在位于佛罗伦萨的学院美术馆。

右图：米开朗琪罗的《浓髯的奴隶》是四个藏于学院美术馆的雕像中完成度最高的。

Molto incosideratamente mi missi a scrivere a vostra S. e fui el primo
prosuntuoso a muovere come se p risposta dalcuna di quella p debito
lavessi a fare e tanto più di poi conosciuto lerror mio quanto o letta
e gustata vostra mercè la vostra e no che appena mi parete nato
come e sia di voi mi scrivete ma stato mille altre volte al mondo
e io no nato overo nato morto mi parrei e direi in disgratia del cielo
e della terra se p la vostra no avessi visto e creduto vostra S. a
ccettare volentieri alcune delle ope mie di che no avuto mara
viglia gradissima e no manco piacere e quado sia vero che quella
così senta di dentro come di fuora mi scrive di stimare lopere mie
se avviene che alcuna ne facci come desidero che a quella
piaccia la chiamerò molto più avventurata che buona p non vi
tediare no scriverò altro molte cose convenienti alla ri
sposta restano nella penna ma pierantonio amico nostro che
so che sa e vorrà supplire a quel che io manco le finirà a
bocca

Sarebbe lecito dare il nome
delle cose che luomo dona
a chi le riceve ma p buo ri
specto no si fa in questa

为朋友创作的画和诗

当1532年亚历山德罗·德·美第奇被封为公爵时，共和自由的最后痕迹被抹去，米开朗琪罗也对佛罗伦萨越发不满，因此更常待在罗马。这座城市是一个重要的文化中心，在那里他发现了许多佛罗伦萨移民，也结交了一位新朋友托马索·德·卡瓦列里，这位朋友让他重新焕发了艺术和诗歌的创造力。米开朗琪罗是在1532年底遇到这位年轻的罗马贵族的，他们的情感是短暂而激烈的，但他们的友谊是漫长而持久的。这段情感催生了大量的诗歌和一些米开朗琪罗最美丽的绘画作品，这些作品公开表达了他对这个年轻人的迷恋和钦慕。卡瓦列里回应了艺术家的感受，同时成了他灵感的源泉和顺从的学生。米开朗琪罗为卡瓦列里创作的画作，如《伽倪墨得斯》《提提俄斯的惩罚》,《法厄同的坠落》和神秘的《孩子的酒神节》，都受到了广泛的赞赏。它们很快被翻印成印刷品、版画和油画，从而开创了绘画和收藏史上的新篇章。他们两人也立即成为罗马的八卦谈资，从此一直引人猜测。

几年后，米开朗琪罗在一个叫维托丽亚·科隆纳的人身上找到了另一个激情的出口。她出身高贵，精致优雅，来自最高贵的罗马家族，同时也是一位重要的女诗人。作为文艺复兴时期伟大的人文主义贵族、乌尔比诺的费代里科公爵的孙女，她拥有理想女性伴侣的所有特征。她结识了当时许多文学领军人物和一群致力于宗教改革的人。即使科隆纳对于这些人心生同情，但她并没有被指控为异端，至少在当时怀疑任何偏离正统观念的教会眼中，她并未有出格之处。她之所以免遭麻烦，是因为她与其说是一个政治人物，倒不如说是一个虔诚的寡妇。她非常虔诚，隐居在位于罗马的圣西尔维斯特和维泰博的圣卡特琳娜修道院。

受到科隆纳的启发，米开朗琪罗创作出了他最具崇高精神的宗教诗歌，并且选了一些素描献给她。她称赞他的素描“画得很完美”，而且“完成得精细巧妙”，并像油画一样欣赏它们。波士

前页：1533年1月1日米开朗琪罗写给他的新朋友托马索·德·卡瓦列里的信，表达了米开朗琪罗希望这位年轻的罗马贵族接受自己为其创作一些画作的愿望。

上图：米开朗琪罗受到阿拉柯利的圣马利亚教堂中古罗马石棺的启发，为托马索·德·卡瓦列里绘制了完整版的《法厄同的坠落》。

顿加德纳博物馆的一幅画结合了米开朗琪罗对“哀悼基督”主题反复出现的兴趣和对但丁诗歌的欣赏。十字架上刻着的一句话来自《天堂》（29：91）：“没有人认为它花了多少血的代价。”

在大英博物馆中的《耶稣受难》画作中，主的痛苦呐喊仿佛在追问：“我的上帝，我的上帝，你为什么抛弃我？”收到这幅画后，科隆纳写信给米开朗琪罗：“再也没有比这更好、更真实、完成度更高的形象了。”世上很少有如此集中的卓越艺术表达和宗教热情。这些小而脆弱的物品之所以珍贵，不是因为它们不起眼的原材料，而是因为它们精妙的艺术性，以及它们为米开朗琪罗的生活、信仰和友谊打开的窗口。

在科隆纳于1547年去世后，米开朗琪罗通过撰写歌谣找到了慰藉，他哀叹“死亡使我失去了一位非常伟大的朋友”，并写下了“她献身于我，我也如数回报”。康迪维叙述道，米开朗琪罗“非常爱她，以至于我记得曾听他说，最让他感到悲伤的是，当他在她去世前去看望她时，并没有亲吻她的眉毛或她的脸，而只是简单地亲了她的手。对于她的去世，他多次感到绝望，表现得就像一个被剥夺了感官的人”。

在历史的长河中，很少有人既是艺术家又是诗人。威廉·布莱克和但丁·加百利·罗塞蒂可以算得上，但米开朗琪罗的同时代人中，只有布龙齐诺写了大量的诗文。米开朗琪罗的诗歌是文艺复兴时期最伟大的文学作品之一。他将彼特拉克和但丁作为自己的模范和灵感来源，把自己的诗歌读者群定位为过着精致生活的贵族，探索爱情、死亡和救赎是他最常见的主题。

维托丽亚·科隆纳（1492—1547）

维托丽亚·科隆纳来自一个高贵的罗马家族，是图斯库鲁姆伯爵的后裔。她包办婚姻的丈夫是佩斯卡拉侯爵，费兰特·弗朗切斯科·达瓦罗斯（Ferrante Francesco d'Avalos），他们的婚姻短暂而幸福，因为侯爵于1525年去世，留下了她这个33岁的寡妇。米开朗琪罗在创作《最后的审判》时遇见了她，两人互通信件和诗歌。科隆纳向一些著名的宗教改革人士介绍了米开朗琪罗，而作为回报，米开朗琪罗赠予她精美的画作，这些画作就像他给卡瓦列里的礼物一样，立即被复制并广受赞誉。

《法厄同的坠落》

在他们相识之初，米开朗琪罗和卡瓦列里参观了位于卡比托利欧山的阿拉柯利的圣马利亚教堂，这个地方位于他们各自在罗马的住宅的中间位置。他们一起参观了一个古老的罗马石棺，上面有一个《法厄同的坠落》的浮雕，这是他们从奥维德的《变形记》中得知的故事。1533年9月，米开朗琪罗给卡瓦列里呈上了一首十四行诗，以及一幅完成度极高的《法厄同的坠落》画作，引起了罗马的轰动。卡瓦列里说“每个人都想看到它”，包括教皇保罗三世。他很感激这份礼物，但更多的是感恩他们这份亲密的关系。他与米开朗琪罗保持了三十年的友谊。

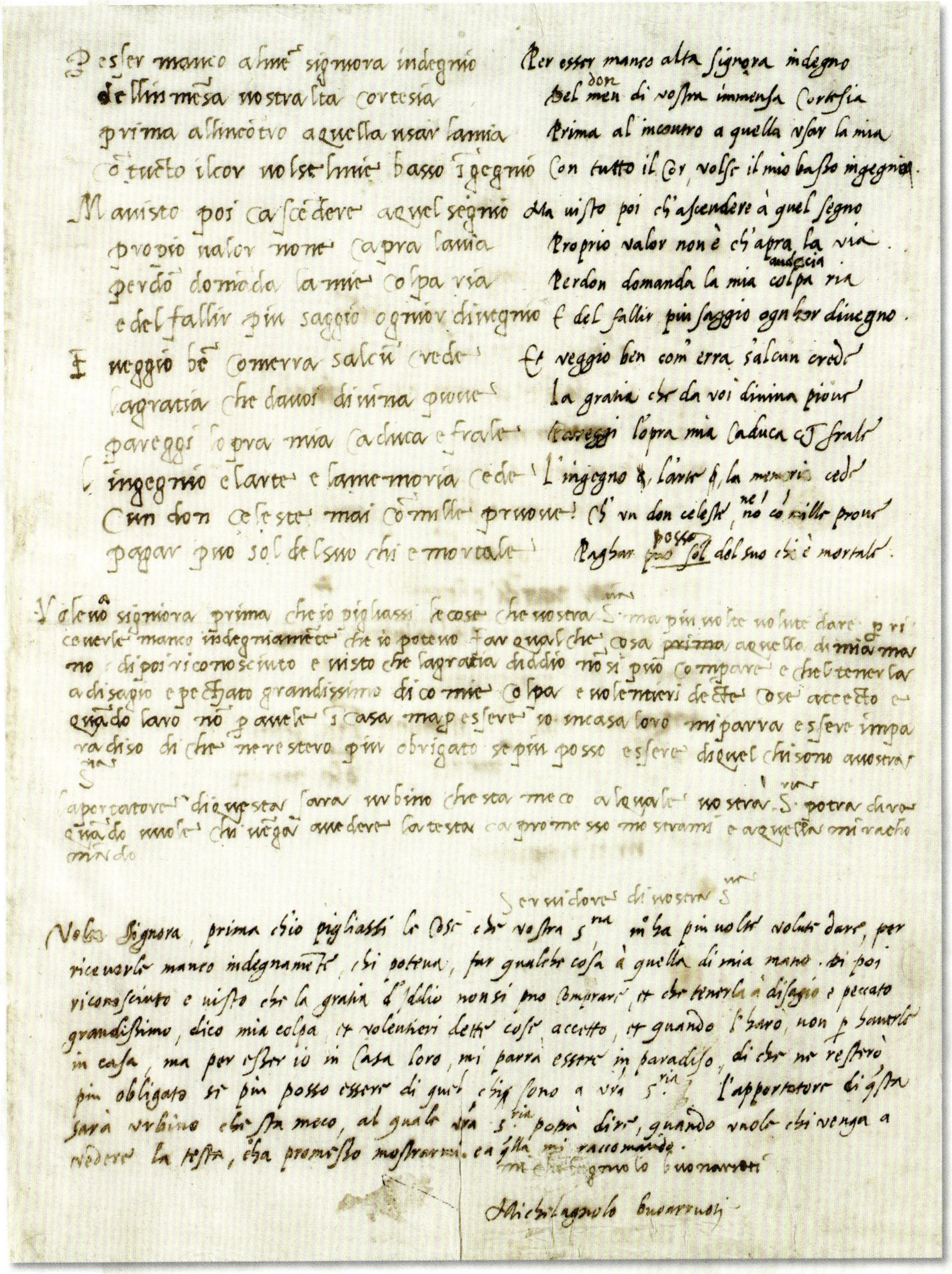
Per esser manco alta signora indegno
Del don di vostra immensa Cortesia
Prima al incontro a quella usar la mia
Con tutto il cor, volse il mio basso ingegno.
Ma visto poi ch'ascendere à quel segno
Proprio valor non è ch'apra la via
Perdon domanda la mia colpa ria
E del fallir più saggio ogn'hor divegno.
Et veggio ben com'erra s'alcun crede
La gratia che da voi divina piove
Pareggi l'opra mia caduca et frale
L'ingegno, & l'arte, & la memoria cede
Ch'un don celeste, nè con mille prove
Pagar può sol del suo chi è mortale.

Volsi Signora, prima ch'io pigliassi le cose che vostra S.ria m'ha più volte volute dare, per riceverle manco indegnamente, chi potevo, far qualche cosa à quella di mia mano. Di poi riconosciuto e visto che la gratia d'Iddio non si può comprare, et che tenerla à disagio è peccato grandissimo, dico mia colpa, et volentieri dette cose accetto, et quando l'harò, non per haverle in casa, ma per esser io in casa loro, mi parrà esser in paradiso, di che ne resterò più obligato se più posso essere di quel ch'io sono a v.ra S.ria. L'apportatore di questa sarà Urbino che sta meco, al quale v.ra S.ria potrà dire, quando vuole ch'i venga a vedere la testa, c'ha promesso mostrarmi. Et a quella mi raccomando.

Michelagnolo Buonarroti

上图：米开朗琪罗于 1541 年写给维托丽亚·科隆纳的一首诗和一封信的草稿，由他的人文主义学者朋友多纳托·詹诺蒂（Donato Giannotti）修改（右上角和底部）。

前页：米开朗琪罗将这幅精美的《哀悼基督》（藏于波士顿加德纳博物馆）献给了维托丽亚·科隆纳。

上图：维托丽亚·科隆纳用放大镜观赏了这幅《十字架上的基督》黑色粉笔素描。

IONAS

《最后的审判》

罗马在1530年代是一个充满活力的城市，特别是在1534年，充满活力且具有改革意识的亚历山德罗·法尔内塞被选举为教皇保罗三世（1534—1549）之后。保罗可能是米开朗琪罗众多赞助人中最伟大、最挑剔的人物。这两个人之间有一种信任和相互尊重，这在很大程度上是因为他们都年近60岁，并且都是致力于宗教改革的坚定的基督徒。保罗立刻就雇用了米开朗琪罗，首先委托他绘制西斯廷教堂的祭坛墙。当米开朗琪罗抗议说他需要负责完成尤利乌斯二世的陵墓时，据说教皇非常生气地说："我已经为这个想法酝酿了三十年，现在我当上了教皇还不能实现吗？"

很少有艺术家会被迫面对自己二十五年前的作品，而且还要对它进行修改。而米开朗琪罗于1536年收到委任绘制西斯廷教堂的祭坛墙时就是这种情况。因此，虽然西斯廷教堂天顶画和《最后的审判》在风格和主题上有相当大的不同，但它们同时也密切相关。每天米开朗琪罗爬上脚手架来绘制《最后的审判》的时候，他都会和自己之前的作品面对面。他以绘制壁画的惯例方式从墙的顶部开始，创作出一件直接附在旧作上并且抹去了部分旧作的新作品。现在这位正在天主教改革运动中心作画的艺术家，已经经历了四位教皇和二十五年的时光，此刻的他心中是怎样的感受？

比亚焦·达·切塞纳

当梵蒂冈的司礼长比亚焦·达·切塞纳（Biagio da Cesena）抱怨《最后的审判》中有过多裸体时，米开朗琪罗将他的脸画入壁画中地狱的最下角，一个长着驴耳的米诺斯受到一条蛇的折磨，这条蛇缠绕着他丰满的身体，还咬着他的生殖器。当比亚焦向教皇保罗三世抱怨时，教皇明显地比普通的官员更能够读懂和欣赏米开朗琪罗的壁画，因此他巧妙地回应说，虽然他对天堂有一些影响，但他在地狱里可没有这样的权威。

前页：米开朗琪罗绘于西斯廷教堂祭坛墙上的《最后的审判》。

右上图：《最后的审判》中的这个引人注目的细节距离进出教堂的观众最近。

壁画中，人群构成的广阔海洋围绕着基督这个中心人物起起伏伏。他强大的体格掩盖了无须的、阿波罗式的宁静面貌。如果将视线专注于基督高举起的右臂，观众们会认为画中的基督是来复仇的。然而重点在于，基督看向了罪人的方向，因为这些是需要救赎的灵魂。他有一副温柔的面容，仿佛渴望在罪人消失在地狱的虎口前再多拯救一个灵魂。他的左臂将人们的注意力集中在他身侧的伤口上，提醒着我们他的牺牲，并指向了已被救赎的人们。基督的母亲坐在他闪耀的光环之下，准备为罪人们求情。她蜷缩的姿势让人想起米开朗琪罗将在他之后的《耶稣受难》和另两个《圣殇》雕塑中继续探索母子融合的主题。

在这幅巨大壁画的左下角，我们看到死者从坟墓中出来。在天主教的肉身复活这一教义的强大可视化呈现中，我们见证了一具骷髅在和一个重新苏醒的肉身融合。重生的肉体在上升到天堂时得到了天使的帮助，就像在壁画的另一侧，罪人们被暴力地抛入地狱。米开朗琪罗的部分灵

感来自但丁和中世纪对于堕落形象的呈现，但他也同样富有想象力地描绘了堕落人类的状态。卡戎挥舞着他的桨，从他的船上驱赶着一群被诅咒的灵魂，将他们赶入最深的烈焰地狱。

在基督的正下方，圣巴塞洛缪拿着他遭受的可怕折磨的象征：一把刀和他被剥下的皮。米开朗琪罗在巴塞洛缪的褶皱的皮囊上呈现了自己扭曲的面容，作为一种奇怪的签名形式。也许米开朗琪罗意识到呈现末世景象是非常狂妄自大的，因此他把自己描绘成一个可被抛弃的肉体，被握在圣洁的手中，微弱地悬在地狱之上。

站在《最后的审判》前，我们痛苦地意识到自己的罪孽，但同时也想起，当基督再次降临时，救赎和身体的复活仍然可期。瓦萨里称这幅壁画是“宏大的绘画方式的伟大典范”，从中“我们看到了堕落的痛苦和被神佑的喜悦”。

艺术家们几乎立刻开始了对《最后的审判》的复制，主要是用版画这种形式，还有由红衣主教亚历山德罗·法尔内塞委任，并由米开朗琪罗同时代的年轻人马尔塞洛·韦纽斯蒂绘制的一幅油画复制品。但是这件作品也极具争议性，因为教廷司礼长比亚焦·达·切塞纳质疑在教皇礼拜堂中绘制如此多的裸体是否合适。

前页：在《最后的审判》的下半部分，卡戎挥舞着桨，将堕落的灵魂赶入地狱。

左图：米开朗琪罗在圣巴塞洛缪被剥下的皮上创作了自画像。

Desprez del. Cav. Fran.co Piranesi inc. 1787.

Il Santo Padre in atto d'adorazione innanzi al Sacramento esposto solennemente da Lui nella Cappella Paolina in Vaticano la Domenica dell' Avvento.
Sì la grandiosa illuminazione che tutto il rimanente della machina, sono invenzione e disegno del Bernino.

保罗教堂

在梵蒂冈建筑群中，夹在圣彼得大教堂和教皇寓所之间的，是一座小教堂，里面有着米开朗琪罗最后和最不为人知的画作。保罗教堂由教皇保罗三世赞助建造，也以他之名命名，肩负着圣礼教堂和教皇选举教堂的双重功能。彼得之后的历任教皇们就是在这里开启了自己的使命。曾经的枢机主教团在此审慎思量，现任的教皇在此静静祈祷。这是基督教最隐秘的圣殿之一。

尽管保罗教堂及壁画的赞助人都很重要，但保罗教堂里的壁画却常常被认为是米开朗琪罗最不成功的作品之一，是他年老时能力下降的产物。这些画作违背了传统的构图规则：地平面出现奇怪的倾斜，尺寸出现意想不到的变化，人物被突兀地切断，许多人物的比例也很奇怪。与著名的西斯廷教堂相比，旁边的保罗教堂相对不易找到，大多数人都是通过照片认识这座教堂，而不是亲自造访。然而，米开朗琪罗的壁画的复制品效果不好。这些壁画只有在原来的位置才有最好的观赏效果，即仅在教堂的狭长空间的两侧作为装饰时。当大多数照片从理想的正面视角记录下壁画时，构图会变得夸张而尺寸会变得反常。米开朗琪罗有意识地调整了人物排列和比例，使他们有机地构成了一个不断展开的叙述场景，从许多不同的视角（主要是倾斜的角度）看起来都很合适。此外，他对教堂中的自然光非常敏感，将耶稣被钉十字架的黑暗主题定位在光线较暗的墙壁上，而悔改皈依的场景则沐浴在直射阳光中。

当我们进入教堂时，我们的注意力被左墙上光线充足且富有戏剧性的《扫罗皈依》所吸引。基督降临为天上的闪电，使犹太人的压迫者扫罗从他的马身上摔下来，而马则恐惧地跃入画的背景之中。虽然他遮挡着眼睛避开耀眼的光线，而且暂时失明，但这一刻是扫罗第一次“看见”并使之皈依基督教。像保罗一样，他将在大马士革开始他的使命，这座城市就是基督遥指的右边背景中的城市。

教皇选举会议

在一位教皇去世后，枢机主教团会在一个秘密会议中，选出一位新教皇。在达到所需的超过总票数的三分之二之前，红衣主教将被限制在梵蒂冈宫不许外出，有时连续数周。所有的审议和投票都是闭门进行的，每次投票的结果都由黑烟或白烟（如图所示），黑烟表示没有达到多数票，白烟表示成功选出新教皇。枢机主教团一直在保罗教堂聚会，直到因主教团的规模变得太大而无法容纳。如今，选举改到旁边的西斯廷教堂举行。

前页：图片描绘了 1787 年在保罗教堂举行的仪式。

卡拉瓦乔在人民圣母教堂

在米开朗琪罗完成保罗教堂约五十年后，卡拉瓦乔（名字也叫米开朗琪罗，卡拉瓦乔为姓）在罗马的人民圣母教堂（Santa Maria del Popolo）的切拉西礼拜堂（Cerasi Chapel）画了与保罗教堂壁画相同的两个主题。虽然卡拉瓦乔的两幅画是油画，并且有他自己的高度原创风格，但它们同样展示了对殉道者的个人牺牲的深刻理解，以及象征着精神顿悟的重要性。卡拉瓦乔通过他动荡的职业生涯反复地证明，他是米开朗琪罗艺术的细腻观察者和阐释者。

左图：卡拉瓦乔的《耶稣受难》，位于罗马人民圣母教堂的切拉西礼拜堂，该作品受到了米开朗琪罗的直接启发。

后页：在米开朗琪罗混乱和极具动态的《扫罗皈依》中，一道光将扫罗从马上击落。

就如同《扫罗皈依》在自然光线的照射下被强化，《圣彼得受难》的场景则因为阳光的缺席而更为强烈。半黑暗的氛围加重了凶兆和悲剧的基调，笼罩在缓慢而笨拙的人物上。这是一个令人不安的主题，如果没有现代的电灯，我们很难清楚地看到这幅画作，也几乎不可能窥见它的全貌。人们倾向于接近墙面来看清壁画，于是我们会不安地发现一群蜷缩在一起的女性哀悼者，其中有两位牢牢地盯着我们。用著名艺术史学家肯尼斯·克拉克的话说：“她们就像一个希腊合唱团，是我们与悲剧之间的中间人。”

《扫罗皈依》戏剧性地在观众面前展开一系列快节奏的情节段落，而《圣彼得受难》则展现了更加庄严的氛围。我们需要慢慢地观看才能理解彼得伟大的行为。在这两幅画中，艺术家虽然使用了非常不同的方式，但都很有说服力地且有力地让我们融入戏剧中，引导着我们的感知和我们对画中事件的理解。

米开朗琪罗以一种极具创新性的方式，将作品绘制成不断展开的连续叙事，并在教皇的视角中，于圣坛处达到叙事的高潮。我们不仅仅是基督教历史事件的观众，更成了负责任的参与者，并提醒我们牺牲是基督徒的职责。与其说保罗壁画显示了米开朗琪罗能力的衰退，不如说它表现出米开朗琪罗作为基督教历史画家的巨大创造力和敏感性。这些是米开朗琪罗最后的一批画作，也是他完成的最后一批艺术品。

尽管米开朗琪罗的保罗壁画很少为公众所知，但仍然受到了很多人的欣赏，尤其是卡拉瓦乔，他在接下来的一个世纪里也对这两个主题进行了描绘，创作出了他自己的深刻动人的版本。

左图：布拉曼特（Bramante）在蒙托里奥的圣彼得广场的寺庙（*tempietto*）标志着圣彼得在罗马的贾尼科洛山上殉难的地方。

下页：米开朗琪罗绘制的《圣彼得受难》，仿佛它发生在罗马的高山上，即布拉曼特的寺庙现在所在的位置。

完成尤利乌斯陵墓

尤利乌斯二世陵墓的委任项目充满希望地于 1505 年开始，当时尤利乌斯二世承诺向米开朗琪罗支付一万达克特（足以建造一座小教堂）的天文数字，来建造一座有四十座大理石雕像装饰的巨大陵墓。大约四十年过去了，陵墓的规模已大大缩减，但仍然很大，它最终没有被安放在圣彼得教堂（原定的位置），而是安放在圣伯多禄锁链堂（San Pietro in Vincoli），即尤利乌斯二世的领衔教堂。在这漫长的时光中，米开朗琪罗设计了至少六座不同的纪念碑，签下了不少于四份合同，并且多次改变了主意。

在这四十年间，米开朗琪罗雕刻了许多雕像，尽管最终只有三件作品装饰着我们今天所看到的陵墓：《摩西》《拉结》和《利亚》。《反叛的奴隶》和《垂死的奴隶》被送给了米开朗琪罗的朋友罗伯托·斯特罗齐，并被送往法国（现藏于巴黎的罗浮宫博物馆）。未完成的《学院美术馆奴隶》则在佛罗伦萨的学院美术馆中展出。

《摩西》雕像可能于 1513 年开始创作，但它在米开朗琪罗的工作室中停留了将近三十年。摩西有力地凝视着上方，仿佛看向主的方向，脸上泛着神性的光辉。如果摩西站起来，他的身高几乎是一般人的两倍，但他的体型只不过是他超凡魅力的最微不足道的一方面。*Terribilità* 这个词（意思是力度和激烈程度的结合）有时用于描述米开朗琪罗，它恰如其分地描述了这座雕像的可怕之处。在一篇关于米开朗琪罗的《摩西》的著名文章中，西格蒙德·弗洛伊德想象着这位先知对不忠实的以色列人的愤怒，因此摩西不让自己站起，并将刻有《十诫》的石板扔到地上。确实，现在看来，这块沉重的石板好像正在从他的掌中滑落。这位著名的精神分析师成功地描述了一种米开朗琪罗大部分雕塑都存在的品质：它们具有一种期待的气息，一种被艺术家赋予他们活力和动态的内在气质。这些人物似乎就

前页：虽然规模比最初的计划小，但教皇尤利乌斯二世在圣伯多禄锁链堂的陵墓是一座宏伟的建筑。

上图：《拉结》转向光的方向，似乎在渴望着天国。

要从他们所在的大理石块中挣脱出来。

《拉结》和《利亚》展现了一种不同的审美，这两个寓言式的人物是米开朗琪罗为尤利乌斯二世陵墓的最终样式（1542 年签订合同）所雕刻的。正是因为我们的现代感官被米开朗琪罗雕塑的表现力所吸引，这两个雕像经常被认为是无力甚至是平庸的。在雄伟的《摩西》的鲜明对比和陵墓下层的密集装饰中，人们很难完全理解这两位女性形象的安静和尊严。我们也很容易忘记米开朗琪罗用对待男性裸体同样的尊重来处理女性形象。这些都是他作为大理石雕塑家和大理石情感创造者的成熟能力的最佳例证。

在米开朗琪罗设计的陵墓最终样式中，《摩西》位于下方中心的显眼位置，就如我们今日所见。确实，这座雕像对当前陵墓的整体效果如此重要，以至于很多游客都忽略了整体陵墓的其他有趣的元素，包括教皇斜倚着的肖像（大约在最初打算放置《摩西》的高度）、庄严的《圣母与子》、活塞式的锥形支柱、奇形怪状的装饰，以及奇特的人形纹章。

在谈到尤利乌斯二世陵墓漫长曲折的修建过程时，康迪维称其为“悲剧”。当然，他这是在描述米开朗琪罗的挫败感，而且正如大多数人一样，他是在感叹这座陵墓仅仅是其原始构想的躯壳——计划很宏伟，但结果却令人失望。但执着于想象陵墓本来可能的样子即是对米开朗琪罗所取得的成就视而不见。这位艺术家投入了巨大的精力创造了文艺复兴时期最伟大、最高贵的陵墓之一。康迪维最后总结道：“这座陵墓在罗马和其他任何地方都是最令人印象深刻的。”圣伯多禄锁链堂每天的游客人数肯定了康迪维的说法。

《拉结》和《利亚》

根据《圣经》的《创世记》，拉结和利亚是姐妹但却迥然不同，分别象征着活跃的生命和沉默中的生命。在用这两位女性人物代替早期的奴隶雕像时，米开朗琪罗从一种夸张的肢体语言转变为一种精神上的渴望，从异教徒转变为以漂亮的女性表达基督教的寓言。它们是雕塑克制表达的卓越成就，来自一个众所周知的艺术家，但所表达的对象却恰恰相反。《拉结》和《利亚》的雕像就像一首低调的交响乐第二乐章：安静、微妙而崇高。

为什么摩西有角?

摩西在西奈山上与上帝对话之后，他回来后的额头闪烁着光芒。当圣哲罗姆将希伯来《圣经》翻译成拉丁文（称为“武加大译本”）时，他错误地翻译了这段经文，将“光束”翻译成了“角”。在整个中世纪，知道武加大译本的艺术家都将摩西描绘成有角的形象。在文艺复兴时期，哲罗姆的错误变得广为人知，但长期以来已经形成将摩西刻画成有角的传统。因此，米开朗琪罗选择遵循惯例，而没有试图在大理石上雕刻光束。

左图：一幅十五世纪手稿中描绘有角的摩西的微型画，藏于佛罗伦萨国家图书馆。

上图：沉思的《利亚》拥有高贵安静的尊严。

后页：米开朗琪罗的《摩西》无疑是大理石雕刻中最令人惊叹的人物之一。

卡比托利欧山

卡比托利欧山（Capitoline Hill，又称 Campidoglio）是古罗马的地理和仪式中心。朱庇特神庙（Jupiter Optimus Maximus）位于山顶，道路由此蔓延连接，一直通向帝国的远方。在文艺复兴时期，从前的仪式中心成了破旧建筑的聚集地和行刑场地。当神圣罗马皇帝查理五世于 1536 年来到罗马时，他无法造访卡比托利欧山，因为斜坡太过泥泞难以攀登。懊恼的教皇保罗三世因此委托米开朗琪罗翻新这座古老的议会大厦。当米开朗琪罗于 1546 年成为罗马的荣誉公民时，他倍受鼓舞，从而成了和他挚爱的彼特拉克一样的杰出人士群体。

米开朗琪罗以一种绝妙的方式开始了工程，那就是将皇帝马可·奥勒留的骑马雕像迁到了该遗址的中心。这件古老的青铜雕像在中世纪的反异教徒掠夺中得以幸存，因为他被错认成了第一个基督教皇帝君士坦丁大帝。在文艺复兴时期，这座雕像的正确身份已经为人所知晓，但它仍然被敬为古代权威的象征。此外，马可·奥勒留伟大的斯多葛学派哲学著作《沉思录》使他被尊为原始基督教思想家。因此，米开朗琪罗将骑马雕像移至卡比托利欧，从而将古代和基督教罗马的伟大象征重新引入遗址，并使其融合在一座重要的建筑中。在这座雕像周围，米开朗琪罗设计了一个建筑群，既清醒地认识到了它的市政功能，又足够宏伟，让人们能够回想起它一千多年前的英姿。

正如他在圣彼得教堂所做的一样，米开朗琪罗着重于中心的位置以寻求解决卡比托利欧紊乱的问题。他将雕塑中的手法运用到建筑中，从定义躯干开始，接下来才是其他附属物。奥勒留的骑马雕像为遗址提供了一个中心和焦点，与此同时，建筑物就如同身体的骨骼，为躯干赋予定

左图：贝纳多·贝洛托（Belotto）的画作，显示了通往卡比托利欧山的缓缓倾斜的台阶坡道，山上的天坛圣母堂俯瞰着左边的广场。

义。在建筑中，躯干就是空间，而在卡比托利欧中，空间的规划与建筑物一样令人印象深刻。这是一个巨大的户外房间，是一个封闭且被保护的，但同时也是一个露天的，可以通过五个对称的入口进入的广场。

沿着一条狭长而逐渐变窄的斜坡（*cordonnata*）向上，人们来到了宽阔的广场。广场中央的椭圆呈现轻微拱曲，象征着世界的中心：世界之都罗马（*caput mundi*）。地面上星光状的纹路引导着我们沿着星光的轨迹，走向星芒的十二个尖点之一，然后再回到马可·奥勒留所在的广场中心。在这不规则的空间周围，是保守宫（Palazzo dei Conservatori）和新翼陈列室（Braccio Nuovo），这两座建筑与元老宫（Palazzo del Senatore）之间彼此呈现出不规则的角度。米开朗琪罗为破旧的保守宫设计了新的门面，并计划将新翼陈列室作为对称搭配，从而为不规则的建筑群组合提供平衡和一致性。建筑门面呈现了各种相制衡建筑力量所形成的完美平衡：纵向的巨柱式（giant order）壁柱的纵向力延伸至一楼多高，与厚重的、横向的柱顶线盘，以及下层拱廊坚固的方形隔间相

左下图：现今的卡比托利欧山鸟瞰图，图中清楚地展现了它的角度。前景是元老宫大楼。

上图：马尔滕·梵·海姆斯凯克（Maarten van Heemskerck）在1530年代绘制的这幅画中捕捉到了卡比托利欧的杂乱不治。

下图：备受喜爱的罗马“母狼乳婴”形象，该青铜雕像源于罗马共和国（其中的孩子是后来新加的）。

罗慕路斯与勒莫斯

罗慕路斯是罗马（公元前753年）的传奇人物和建造者，也是其第一任国王，罗马就是因他得名。罗慕路斯和他的双胞胎兄弟勒莫斯是战神马尔斯（Mars）和雷亚·西尔维亚（Rhea Silvia）的儿子。当作为维斯塔贞女的雷亚·西尔维亚生下双胞胎后被处死，诞下的婴儿被扔进了台伯河。后来他们被冲上岸，被一只母狼哺乳，正如我们在图中这座著名的青铜雕像中所见。这座雕像在整个中世纪都被保存在拉特朗宫（Lateran Palace）。1471年，教皇西克斯图斯四世将雕塑捐赠给罗马市。它随后被安放在保守宫的门面上，作为城市无处不在的象征。

互平衡。建筑的表面层次丰富，从远处看简单又坚固，从近处看则布满了动态又密集的装饰。

元老宫大楼有一个醒目突出的中央钟楼，由米开朗琪罗重新安置到其轴向位置，并且有两个宽阔的外部楼梯位于两侧。这座建筑与其粗犷的相邻建筑的区别在于，它有着宽阔的浅黄色砖块、较为稀疏的表面分层，以及更为绚丽但不够集中的细节。宽阔的墙面挑战着建筑的极限，窗户如同过度充气的靠垫，看起来就像紧绷得快要飞出的纽扣。元老宫大楼现在设有罗马市长的办公室，两侧的建筑是一些博物馆，藏有著名绘画和文物，包括著名的罗慕路斯与勒莫斯的母狼铜像，以及布鲁图（Brutus）青铜胸像，后者可能启发米开朗琪罗创作了布鲁图的大理石胸像。

与米开朗琪罗的许多建筑作品一样，卡比托利欧的大部分建筑作品也是在米开朗琪罗去世后才得以完成，其中一部分是在托马索·德·卡瓦列里的监督下进行。然而，米开朗琪罗充满力量而清晰的设计确保了最终结果在很大程度上展现了他的设想，因此这个建筑群被公正地视作他的众多杰作之一。

《布鲁图胸像》

大约在米开朗琪罗进行卡比托利欧工作的同一时期，他为他的朋友和从佛罗伦萨流亡的同伴——红衣主教尼科洛·里多尔菲（Niccolò Ridolfi）——雕刻了布鲁图胸像。这是艺术家雕刻的唯一一件人物肖像，是对著名的罗马共和派马可斯·布鲁图（Marcus Brutus）的理想化颂扬，他谋杀了尤利乌斯·恺撒（Julius Caesar）。胸像强势的、眉头紧锁的面部表情和其粗糙的表面暗示了布鲁图的性格——有原则和行动力，这种性格显然是被罗马共和国这一狂野的时代所塑造。米开朗琪罗开创了自己的共和主义风格，这种风格有别于希腊主义或罗马帝国式的光滑表面和柔美质感。

左图：出于文物保护的考虑，古老的马可·奥勒留的骑马雕像如今在卡比托利欧博物馆内展示。

一座新的圣彼得大教堂

教皇保罗三世于1547年1月1日任命米开朗琪罗为圣彼得大教堂的首席建筑师，根据米开朗琪罗的传记作者乔治·瓦萨里的说法，这项任命对于米开朗琪罗来说“令他非常惊慌，且完全违背他的意愿”。这是一项令人喜忧参半的荣誉。米开朗琪罗当时已经71岁，他从前任手中接过了一支不合作的工人队伍，和一群蠢笨碍事的监工，这些人对先前建筑师小安东尼奥·达·圣加洛充满热情的忠诚，也因此对米开朗琪罗持怀疑态度。这个任命开启了米开朗琪罗艺术生涯的最后一章，同时也是漫长的一章：他将余生的最后17年奉献给了圣彼得大教堂。

旧圣彼得大教堂的改建开始于十五世纪中期，但多纳托·布拉曼特在教皇尤利乌斯二世统治期间才真正承担了建造新教堂的工作。当米开朗琪罗在尤利乌斯二世陵墓工作，以及在绘制西斯廷教堂天顶画时，曾亲眼见证了君士坦丁大帝庄严的大教堂遭到的无情破坏，以及许多试图用新的教堂来取代原有的并不胜任的、毫无助益的努力。

尽管米开朗琪罗倾向于采用宏伟的风格，但他对于新教堂最伟大的贡献之一就是缩减建筑规模，移除围绕在布拉曼特绚丽核心之外的破旧外壳。米开朗琪罗复原了布拉曼特的初步构想并纠正其工程缺陷。在抹除近期的建设的同时，米开朗琪罗扭转了将近四十年的建筑历史。这需要艺术家和赞助人都有巨大的信心、勇气和远见。由此产生的凝聚力使教堂的外部和内部恢复了简洁。从外部看，教堂是一个紧凑的雕塑集合体；教堂的内部是一个广阔、光线充盈且令人振奋的空间。然而，米开朗琪罗却是在存在诸多反对声音的情况下完成了这一杰作。

圣彼得大教堂的外层体现了一种建筑地质学：就像巨大的构造板块，一块块巨大的石板上升、下沉、滑动、相扣。墙体表面层次分明，随着运动重叠并波动。密集的壁柱、无

小安东尼奥·达·圣加洛为圣彼得大教堂制作的木制模型

布拉曼特的继任者，年轻的小安东尼奥·达·圣加洛（Antonio da Sangallo，1483—1546），花了数年时间构建了一个奢侈的木制模型。当支持者们称赞它是“一个永远不会缺乏草地的牧场”时，米开朗琪罗冷淡地回应道：“这个评价太对了，因为这是一个为不懂艺术的笨牛傻羊提供的牧场。”在一封书信中，米开朗琪罗指出：“这个设计的上层和下层有太多可供躲藏之处，这些地方一片漆黑，为各种无休止的无耻罪恶行为提供了绝妙的机会，诸如隐藏逃犯、伪造金钱、让修女怀孕和其他肮脏的不端行为。”

前页：圣彼得大教堂雄伟的圆顶耸立在其巨型建筑之上。

上图：展于梵蒂冈的圣加洛的奢华木制模型。

左图：由访问罗马的荷兰游客马尔滕·梵·海姆斯凯克所绘。如该画作所示，直到1530年代，新的圣彼得大教堂看起来还像是罗马废墟。

下图：布拉曼特对新圣彼得大教堂的设计（他只画了集中式平面布局的一半）。米开朗琪罗在此基础上进行简化，但很大程度上遵循了布拉曼特清晰的建筑几何形状。

下页：旧圣彼得大教堂的重建图，旧教堂于公元324—349年，第一位基督教皇帝君士坦丁大帝时期建造。

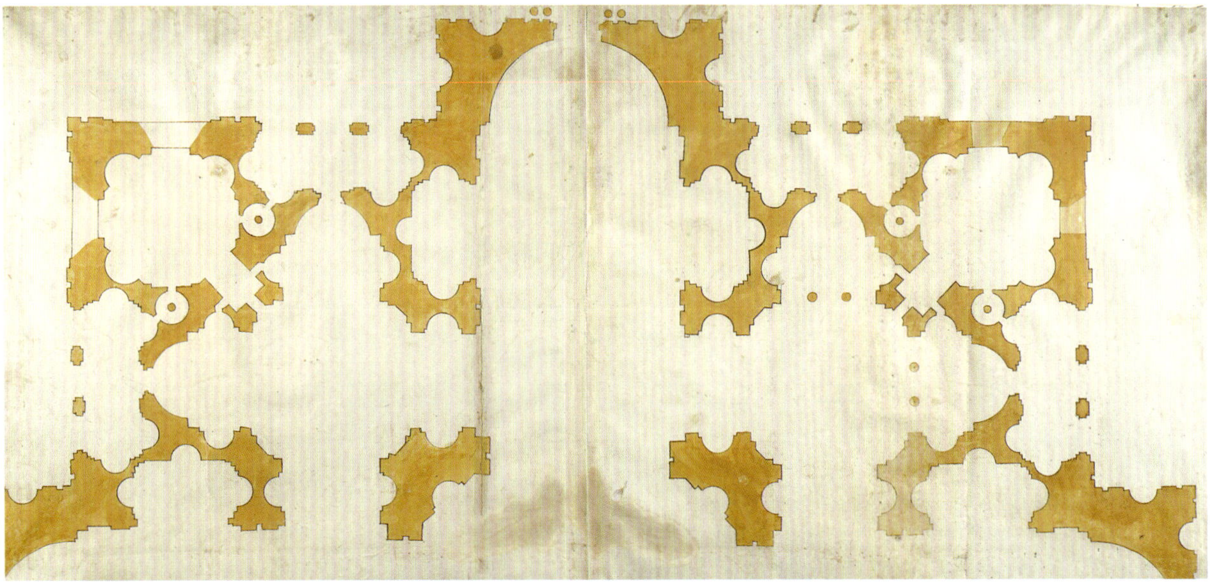

布拉曼特为圣彼得大教堂绘制的草图，藏于乌菲齐美术馆

教皇尤利乌斯二世的第一位建筑师多纳托·布拉曼特（Donato Bramante，1444—1514）是一位出色的设计师，却是一名糟糕的工程师。为了匆忙建起新建筑，他摧毁了君士坦丁大教堂的古老大理石柱。根据康迪维的说法，米开朗琪罗对这一损失感到痛心，并且指出："将一块砖垒在另一块上很容易，但想要建造这样的石柱却很困难。"此外，在建造四个大型支柱以支撑中央圆顶时，布拉曼特低估了它们需要承受的重量和压力。布拉曼特为了节省开支的行为严重损坏了新教堂的建筑完整性。

数卷帘和开放的壁龛覆盖了简单的表面。米开朗琪罗为这座建筑发明了一种被称为“巨柱式”（giant order）的巨型比例。每个石灰壁柱垂直向上延伸，尺寸巨大，壁柱会经过一个有两个巨大窗户的隔间，以及另一个有三个窗户的隔间。壁柱垂直支撑力非常大，仿佛只有沉重的阁楼和飞檐能压制住向上的力。教堂的圆顶延续并汇集了这些垂直的支撑力。从地面到天窗，这座建筑物拔地而起。虽然建筑物的几何形状从高空中和其内部都清晰可见，但当人们靠近它充满活力的外墙进行观察时，却不那么明显。

作为一个哥特式教堂，圣彼得大教堂坚固而繁复的外墙和它宽敞明亮的内部环境形成了鲜明对比。当我们目光抬升，心跳加速，我们与广阔的空间比起来相形见绌。一切都合乎比例，但整体规模却极为夸张。在这座巨大建筑的中央是圣彼得的墓穴，在这庄严的位置上方高耸着的是宏伟而明亮的圆顶。

尽管这座建筑在其一百五十年的兴建历史中经历了多次改建，但我们还是应当将其视为米开朗琪罗的杰作。他在这座建筑物上工作了不到二十年，但在那段时间里，他改进了前人的工作，并在很大程度上塑造了它之后的形态。圣彼得大教堂是基督教世界最大的教堂，是教皇权威的杰出象征，也是米开朗琪罗艺术的最高成就。但这项工程同时也意味着一连串令人头痛的问题，从建筑的混乱到管理的钩心斗角，这也解释了当保罗三世任命他为首席建筑师时米开朗琪罗为什么会有那样的反应。然而，尽管米开朗琪罗在过程中遭遇重重挫折，并且他慷慨的艺术赞助人科西莫·德·美第奇公爵一直引诱他回到佛罗伦萨，加入公爵制作装饰品的委任项目中，米开朗琪罗仍然致力于完成圣彼得大教堂的项目。从接受圣彼得大教堂工程的那一刻开始，圣彼得大教堂一直是米开朗琪罗最关心的问题，也是他的罪恶得到宽恕的最大希望。

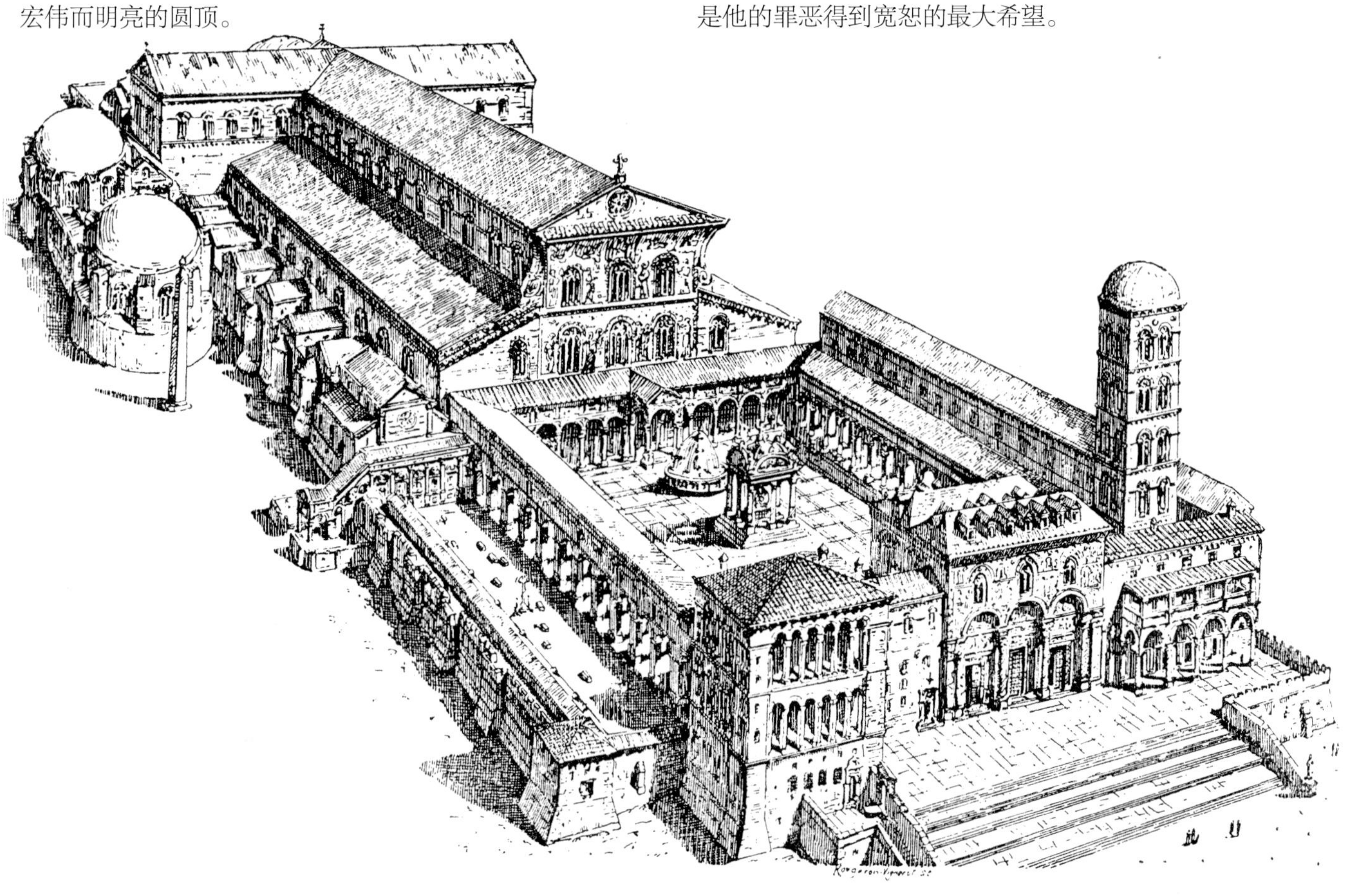

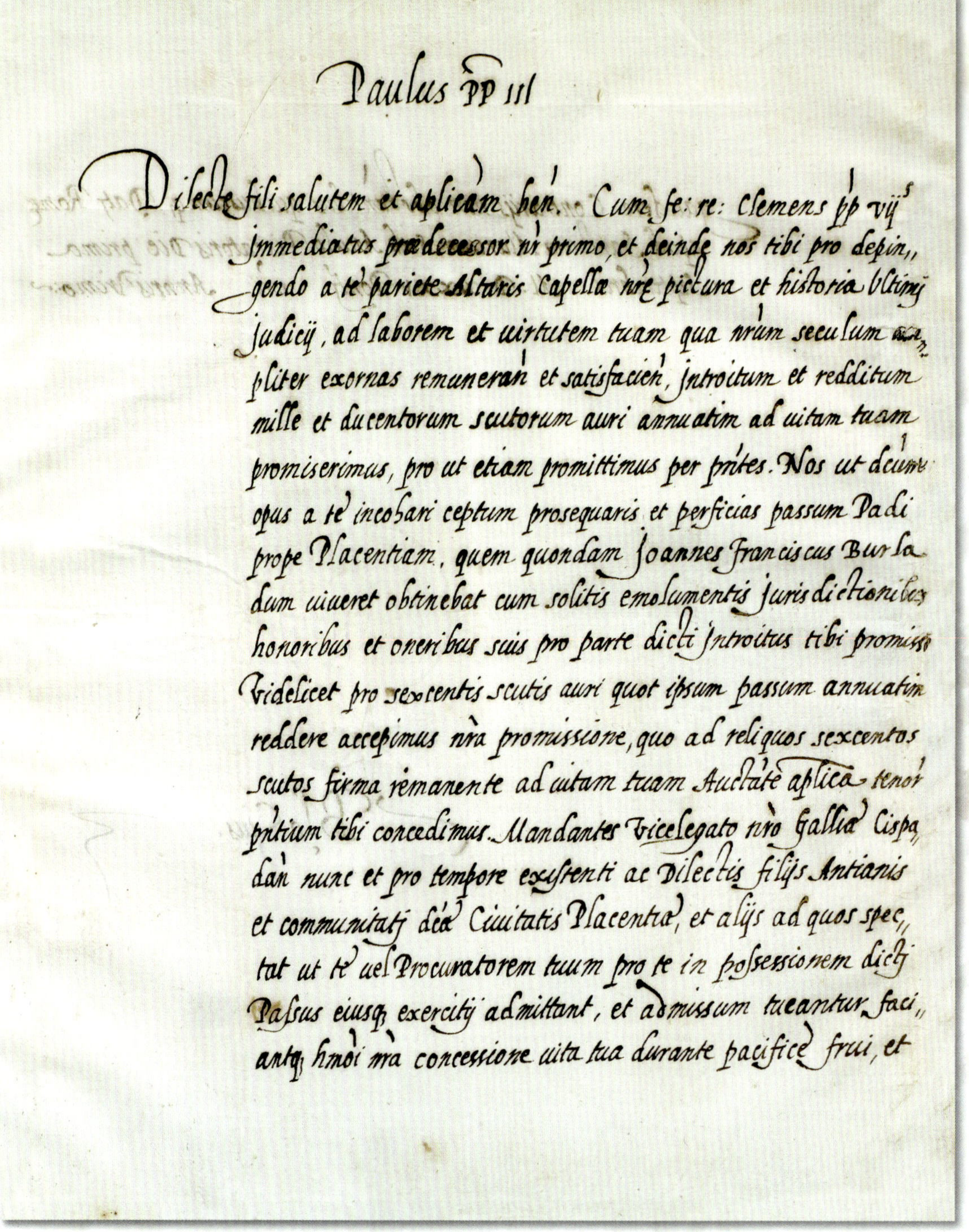
Paulus PP III

Dilecte fili salutem et aplicam ben. Cum fe: re: Clemens pp vii^s
jmmediatus prædecessor nr primo, et deinde nos tibi pro depin,,
gendo a te pariete Altaris Capellæ nre pictura et historia Vltimj
judicij, ad laborem et uirtutem tuam qua nrum seculum exa,,
pliter exornas remuneran et satisfacien, jntroitum et redditum
mille et ducentorum scutorum auri annuatim ad uitam tuam
promiserimus, pro ut etiam promittimus per prites. Nos ut decum
opus a te incohari ceptum prosequaris et perficias passum Padi
prope Placentiam, quem quondam Joannes Franciscus Burla
dum uiueret obtinebat cum solitis emolumentis jurisdictionibus
honoribus et oneribus suis pro parte dicti jntroitus tibi promissi
Videlicet pro sexcentis scutis auri quot ipsum passum annuatim
reddere accepimus nra promissione, quo ad reliquos sexcentos
scutos firma remanente ad uitam tuam Auctate aplica tenore
pntium tibi concedimus. Mandantes Vicelegato nro Galliæ Cispa,,
dan nunc et pro tempore existenti ac Dilectis filijs Antianis
et communitatj dcæ Ciuitatis Placentiæ, et alijs ad quos spec,,
tat ut te uel Procuratorem tuum pro te in possessionem dicti
Passus eiusq exercitij admittant, et admissum tueantur, faci,,
antq hmoi nra concessione uita tua durante pacifice frui, et

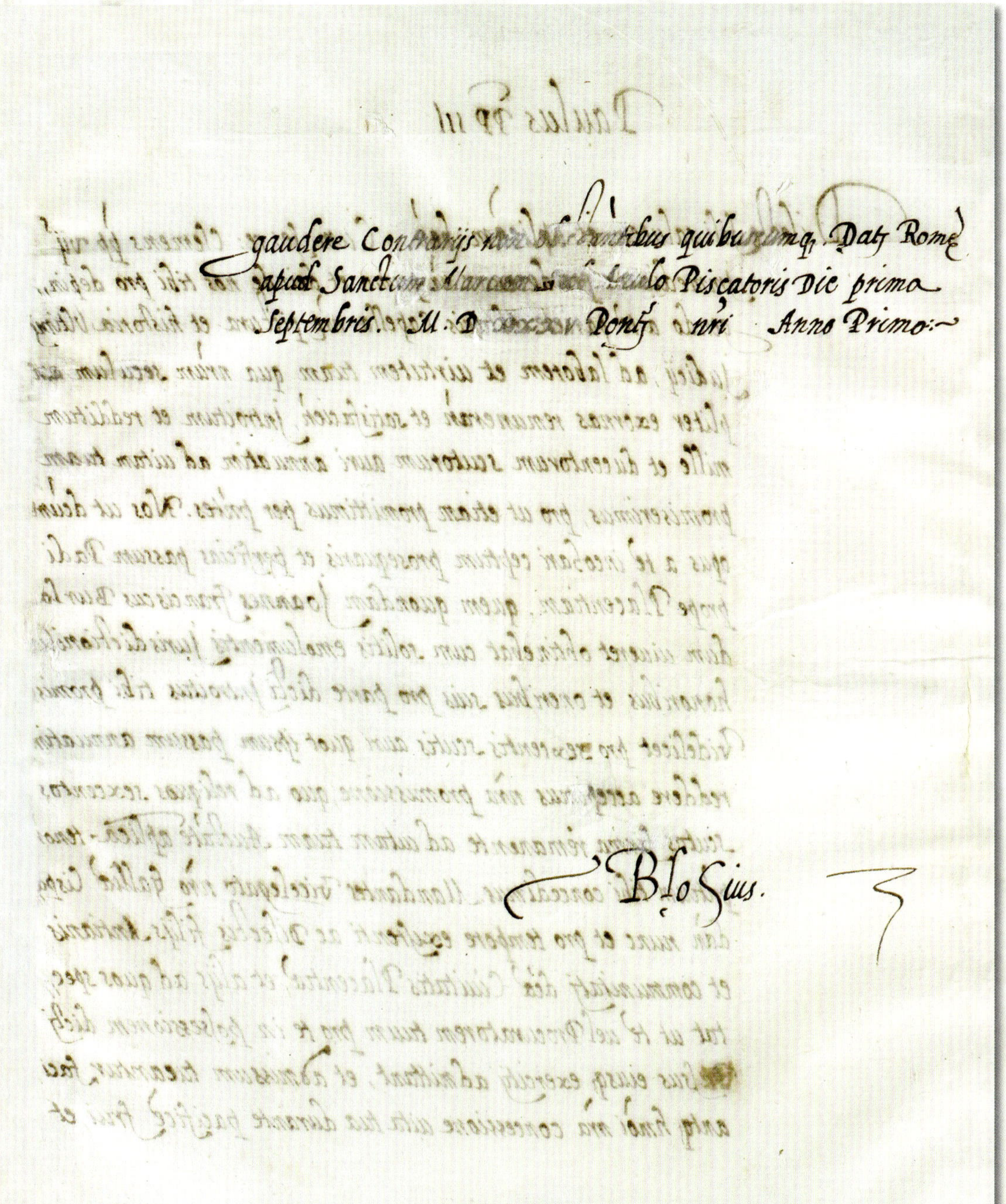

前页及上图：教皇保罗三世于 1535 年 9 月 1 日发布的教皇指令，赐予米开朗琪罗“梵蒂冈的首席建筑师、雕塑家和画家”头衔。

米开朗琪罗改造罗马城

保罗三世漫长的任期（1534—1549）期间是米开朗琪罗的辉煌时刻。当时他处于名望的顶峰，被朋友和仰慕者包围，并正在为有史以来最挑剔的赞助者工作。保罗三世委托米开朗琪罗进行一些项目，这些项目给米开朗琪罗带来了挑战，要求他不只要做一个画家和雕塑家。米开朗琪罗越来越多地将创作重心转向建筑，并且帮助一个破败的古城与巨大的无人居住地（*disabitato*）变成现代的基督教都城。米开朗琪罗对罗马未来的贡献在于他承接的大量规模宏大且充满气魄的项目：卡比托利欧、法尔内塞宫（Farnese Palace）、佛罗伦萨的圣若望圣殿（San Giovanni dei Fiorentini）、天使圣母教堂（Santa Maria degli Angeli）、庇亚门（Porta Pia）和圣彼得大教堂。

米开朗琪罗为法尔内塞宫设计了一种飞檐，起初被批评为过大。这种飞檐虽然体型巨大，但成功地盖住了巨大的宫殿石块。虽然这种设计与学术惯例有所不同，但它的视觉效果确非常合适，正如米开朗琪罗所说的那样："人们的眼中必须有指南针。"除了主要的飞檐，米开朗琪罗对法尔内塞宫的主要贡献是设计了三层的庭院门面。特别是庭院窗户，展现了米开朗琪罗具有创意的语言，例如，由带有三竖线条纹（triglyph）的托架支撑，并伴有"水滴饰"（guttae）和狮头装饰的层叠三角墙。

1518 年教皇利奥十世任期，就有了为佛罗伦萨建造一座新教堂的决定，这座教堂非常恰当地以它的赞助人命名为佛罗伦萨的圣若望圣殿在 1559 年中期，佛罗伦萨社区成员邀请米开朗琪罗设计教堂。他绘制了几个引人入胜的计划，包括现藏于米开朗琪罗故居博物馆（124A 号）的大型绘画，这是整个文艺复兴时期最具活力和最令人印象深刻的建筑图纸之一。成对快速划出的平行线连接了从中央圆顶辐射出来的宽阔走廊空间。这座建筑仿佛是由一块坚硬的石块雕刻而成，其完美对称

罗马无人定居区

庇亚门和天使圣母教堂是教皇庇护四世在罗马无人定居区（*disabitato*）进行的城市翻新和发展的一部分。古代时期，城市拥有超过一百万居民，这一地区人口密集，而在文艺复兴时期罗马的人口减少到 35，000 人，这一地区人口也逐渐稀少。在大片的开阔和被遗弃的土地上，昔日建筑的断壁残垣和废弃的沟槽依稀透露出这座城市昔日的宏伟。

前页：米开朗琪罗将这座古老的罗马浴场大厅改造成雄伟的天使圣母教堂。

上图：这幅画的作者在画上注曰："罗马是如此的丰富，即使是它的废墟都能教授我们一些东西。"

且充满活力的内部空间完美地被建筑物的坚固表面包含在内。然而，工期延迟、资金问题，以及米开朗琪罗四年后的死亡导致他的设计从未被实现。

在教皇庇护四世（1559—1565）的委任下，米开朗琪罗承接了两个主要的建筑项目：庇亚门和天使圣母教堂。对于前者，米开朗琪罗在密集的多层图纸上绘制出他的想法，设计了建筑物的三维表面。很少有建筑的动态能够在二维绘画媒介中得到如此有力的表达。建筑物的大门保留了初始设计中预期的许多品质，并展现出一些新的特征：带有耳状附属物的多层壁柱、状似巨大拉伸弹簧的三角墙片段、浮于宽阔砖块上的奢华百叶窗以及装饰有石灰球的喜庆风格垛口。庇亚门改变了防御工事城门的类型。城门不再彰显军事力量，而是一个文明的边界，分隔了城市与乡村、都市气息和田园风格。

佛罗伦萨的圣若望圣殿和庇亚门等全新建筑物为米开朗琪罗提供了实现原创建筑设计的机会。然而，教皇庇护四世委托的将罗马浴场改造成基督教教堂的项目却没有同样的自由度。这个庞大的建筑群包括许多大型和小型厅堂、服务设施和开放式庭院，大部分都零落破败。走进这间浴场，浴场就仿佛是一大块破烂的大理石，而米开朗琪罗则将这块“大理石”塑造成生动的形象。艺术家为这个庞大的结构赋予了形式和连贯性，并且最令人印象深刻的是，他将一个异教徒的享乐机构转化成了一个圣洁的神殿。他将体积巨大的中央大厅变成了一个超大的耳堂，其中的中殿包含了一系列的轴向空间，从一个圆形门厅（古代的温水浴间）开始，最终通往一个新建的带有桶形拱顶的唱诗班座席。米开朗琪罗将一个异教徒的古迹锻造成了一座基督教的伟大建筑，但仍然牢牢地保持了这座建筑与古典文物的联系。

前页：米开朗琪罗设计的法尔内塞宫殿庭院门面的第三层，拥有引人注目的窗户和三角墙。

上图：笔墨和水洗绘制的未被施工的佛罗伦萨圣若望圣殿设计图，这是米开朗琪罗极具创造性的建筑构想的一个例子。

A Michel'ang[lo] buonaroti.

In Roma

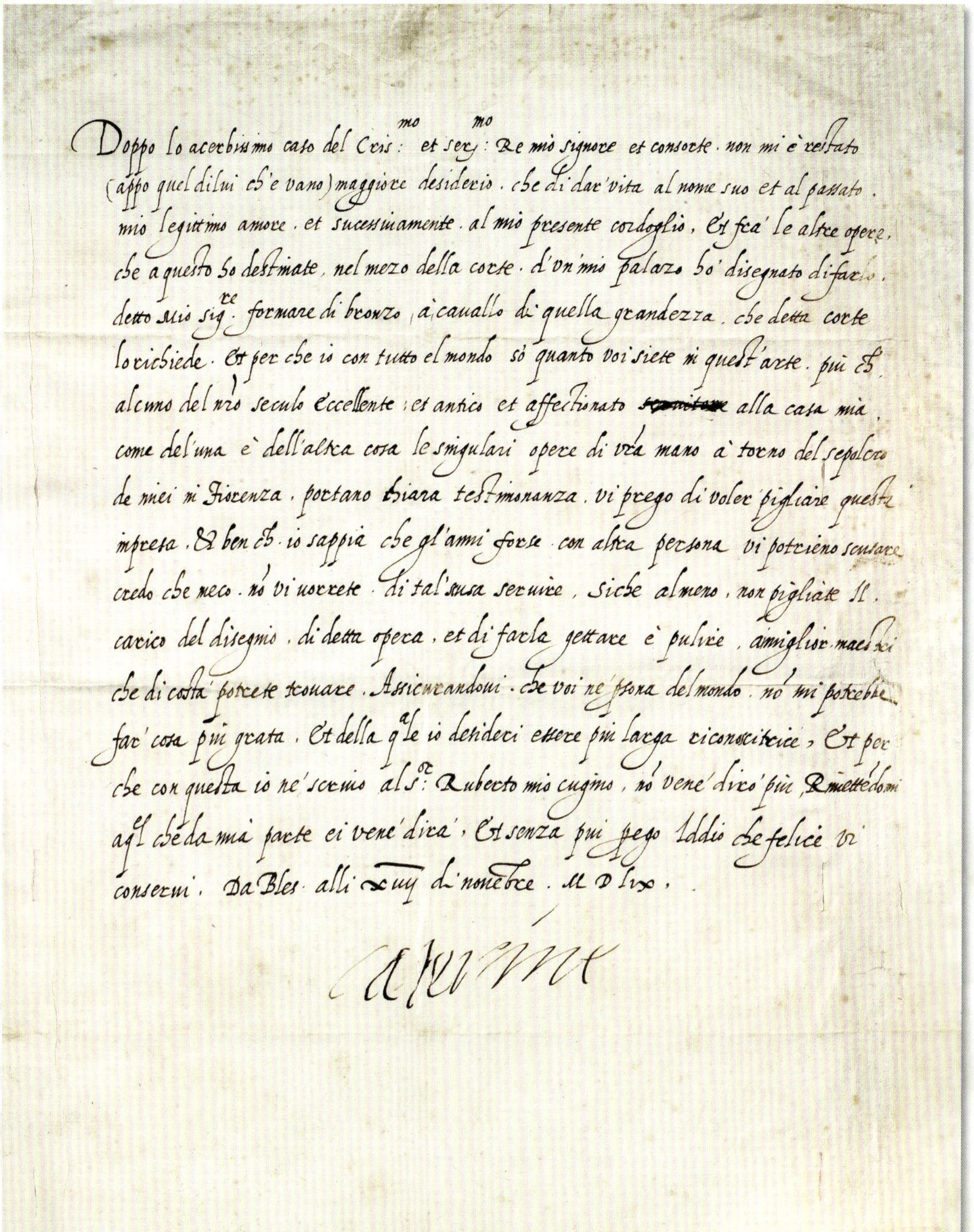

Doppo lo acerbissimo caso del Cris:mo et ser:mo Re mio signore et consorte. non mi è restato
(appo quel di lui ch'è vano) maggiore desiderio. che di dar vita al nome suo et al passato.
mio legittimo amore. et sucessiuamente. al mio presente cordoglio. Et fra' le altre opere.
che a questo ho destinate, nel mezo della corte. d'un mio palazo ho disegnato di farlo.
detto mio sig.re formare di bronzo, a cauallo di quella grandezza. che detta corte
lo richiede. Et per che io con tutto el mondo so quanto voi siete in quest'arte. più ch'
alcuno del n.ro seculo eccellente; et antico et affectionato ~~seruitore~~ alla casa mia,
come del'una è dell'altra cosa le singulari opere di v.ra mano a torno del sepolcro
de miei in Fiorenza, portano chiara testimonanza. vi prego di voler pigliare questa
impresa. & ben ch' io sappia che gl'anni forse con altra persona vi potrieno scusare
credo che meco. no vi uorrete. di tal scusa seruire, sicche almeno, non pigliate il.
carico del disegnio. di detta opera, et di farla gettare è pulire, a migliori maestri
che di costà potrete trouare. Assicurandoui. che voi ne persona del mondo. no mi potrebbe
far cosa più grata. Et della quale io desideri essere più larga riconoscitrice, Et per
che con questa io ne scriuo al s.or Ruberto mio cugino, no ve ne dirò più, Rimettendomi
a quel che da mia parte ei ve ne dirà, Et senza più prego Iddio che felice vi
conserui. Da Bles alli xiiij di nouembre. MDlix.

Caterine

前页与上图：1559 年 11 月 14 日，法国女王凯瑟琳·德·美第奇的一封信，关于她希望米开朗琪罗能够为她已故的丈夫亨利二世（前法国国王）创作骑马雕像。虽然这封信是一位抄写员手写的，但凯瑟琳亲自签了名：“Caterine”。

米开朗琪罗的建筑遗产

建筑可能是米开朗琪罗最为多见的遗产。他经常偏离著名的建筑师维特鲁威（公元前一世纪）编订的古典建筑规则。对于米开朗琪罗来说，经典的过去并不是一套被盲目模仿的规则，而是丰富的遗产，这是他自身丰富想象力的起点。下个世纪伟大的建筑师乔凡尼·洛伦佐·贝尼尼（Gianlorenzo Bernini，1598—1680）和弗朗切斯科·博罗米尼（Francesco Borromini，1599—1667），以及之后的许多其他建筑师，都深刻汲取了米开朗琪罗的经验和创造精神。

左图：罗马圣安德鲁教堂的动态曲线和椭圆形内部空间，体现了米开朗琪罗创造性的建筑设计对贝尼尼的影响。

下页：米开朗琪罗为庇亚门所绘制的手稿，典型地勾勒出建筑的多层纵深。

《佛罗伦萨圣殇》

这件名叫《佛罗伦萨圣殇》的作品，是继《大卫》之后米开朗琪罗创作的体积最大和最雄心勃勃的雕塑。在雕刻这件《佛罗伦萨圣殇》时，米开朗琪罗回到了他最早的主题之一，也回到了早先由最著名的古代雕塑《拉奥孔》提出的挑战。当《拉奥孔》在1506年被发现时，米开朗琪罗就意识到，这件三人雕像并不像老普林尼所说的那样是用一整块大理石雕刻而成的。对这一点的认知加剧了挑战：现代艺术家能否实现古代未能实现的目标？米开朗琪罗用单块大理石雕刻四个人物，这个尝试不仅可以与古代比肩，更是有所超越。

雕刻三人雕像组合的问题是很多的，而用单个石块雕刻四个人物的难度更是呈指数级上升。即使是乔凡尼·洛伦佐·贝尼尼，或十七世纪和十八世纪伟大的大理石技术人员也很少尝试这样的壮举。瓦萨里含蓄地指出了这项工程的特殊性，他将米开朗琪罗的《佛罗伦萨圣殇》描述为“令人筋疲力尽的作品，在石块雕塑中非常少见”。当瓦萨里看到这个雕塑工作的开展时，他预感到“它将超越米开朗琪罗所有的其他工作，米开朗琪罗克服万难雕刻出如此完美的存在就预示了这一点”。然而，米开朗琪罗却从未将它完成。

米开朗琪罗经常在雕刻的过程中改变主意。他甚至学会了挖掘巨大的石块，以便他在雕刻过程中有足够的材料来改变人物的形态和雕刻的处理方式。但因为《佛罗伦萨圣殇》有四个人物，所以几乎没有多余的石头。与基督和站立的尼科迪默斯相比，圣母的体型太小了。事实上，若要不影响到对她死去的儿子的刻画，就没有足够的石头来完成她的脸。同样地，米开朗琪罗也没有预留足够的石头来完成圣母用来支撑基督的左手。完成这只手即意味着破坏已完成且已抛光的基督躯干。随后，米开朗琪罗在雕刻基督的左腿时遇到了更棘手的问题。不知道大理石是有了

乌尔比诺

弗朗切斯科·迪·贝尔纳迪诺·阿马多里（Francesco di Bernardino Amadori）来自乌尔比诺附近马尔凯地区的卡斯特杜兰特小镇（Casteldurante，现在的乌尔巴尼亚），因此他的绰号叫“乌尔比诺”。乌尔比诺在长达四分之一个世纪有余的时间里是米开朗琪罗的助手和最亲密的伙伴，从大约1530年起，直到1556年这位忠实的仆人在他主人的怀抱中去世。在米开朗琪罗七十年的职业生涯中，有许多与他住在一起的家庭助手，而乌尔比诺是其中最受喜爱的。这些助手表面上是学生，但主要是家庭和专业助理，以各种方式为米开朗琪罗提供帮助，包括跑腿、记账，协助米开朗琪罗的工作。

前页：《佛罗伦萨圣殇》，之所以叫这个名字，是因为它目前藏于佛罗伦萨的大教堂歌剧博物馆（Museo dell'Opera del Duomo），这件作品是米开朗琪罗雕刻过的体型最大且最雄心勃勃的雕塑之一。

上图：图中描绘了米开朗琪罗与学生一起研究《贝维德雷的躯干》。让·莱昂·热罗姆（Jean Leon Gérome，1824—1904）于1849年所画。

破损还是被有意移除，基督的腿被修整并被接入新的材料。这种权宜之计违背了米开朗琪罗的观念，他一贯认为真正的雕塑应该由一整块大理石雕刻而成。这些问题积累下来，可能是他最终放弃了这件作品的原因。我们或许不愿意想象技艺成熟的大师会遇到无法解决的问题，但我们似乎目睹了折磨着这件雕塑的个人和技术困境。

《佛罗伦萨圣殇》中有着以尼科迪默斯为幌子的艺术家自画像，尼科迪默斯本人是一位雕塑家，同时也是基督的秘密追随者。和尼科迪默斯一样，米开朗琪罗忠诚于救世主，有着“朝圣的灵魂”，独自一人，追求救赎。这件雕塑是对米开朗琪罗信仰的透彻表达，本来要作为他的陵墓纪念碑。然而米开朗琪罗处于一种两难的境地。完成雕塑意味着赋予大理石生命，但也意味着向死亡妥协。他在诗歌中表达了这样的两难：“……怀着错误的设想和对我灵魂的巨大危险，在这里雕刻神圣的东西。”由于诸多技术和心理的原因，这件雕塑注定要停留在未完成的状态。最终，他将这件《佛罗伦萨圣殇》送给了他的朋友弗朗切斯科·班迪尼，并允许他的助手蒂贝里奥·卡尔卡尼对它进行修补。尽管经历了破坏和坎坷的历程，《佛罗伦萨圣殇》仍然是一件动人且令人满意的艺术作品。

米开朗琪罗在晚年创作了大量具有深刻自传性的诗歌，这些诗歌同他的雕塑一样，经过了许多轮的草稿才慢慢成形。雕塑和他的诗歌，分别用大理石和文字的方式，揭示了米开朗琪罗对生命短暂的敏锐感知，和对多完成一件艺术作品的徒劳感。

右上图：死去的基督的面部细节，他的脸向下垂落，朝着墓穴的方向。

右图：尼科迪默斯面部细节，他的面部通常被认为是米开朗琪罗的自画像。

米开朗琪罗的房子

教皇尤利乌斯二世的继承人在罗马的“乌鸦屠宰场”（Via Macel de' Corvi）给了米开朗琪罗一所房子，这个地方由旁边的集市得名。这栋两层楼的住宅位于古代图拉真（Trajan）广场的废墟对面，靠近圣雷多圣母堂（Santa Maria di Loreto）。房子的一楼有一个宽敞的房间，米开朗琪罗将其作为工作室；屋后是一个马厩、一个小熔炉，还有一个凉廊，通向带有果树和藤蔓的厨房花园。在1941年贝尼托·墨索里尼（Benito Mussolini）对城市进行清理期间，这间房屋的门面被移到了贾尼科洛山（Janiculum Hill）。

上图：意大利罗马的“乌鸦屠宰场”（Macel de' Corvi）社区景色。由鲁道夫·冯·奥特（Rudolf von Alt，1812—1905）所画。

右图：米开朗琪罗雕刻的《佛罗伦萨圣殇》与弗拉·安杰利科（Fra Angelico）所画的《基督下十字架》（如图所见）有相似的主题。

MICHELANGELO BVONAROTA

《隆达尼尼圣殇》

直到米开朗琪罗去世前几天，他还在创作《隆达尼尼圣殇》，这件雕塑以长期存放它的罗马家族宫殿的名字命名。没有任何迹象表明这件雕塑是为了米开朗琪罗本人以外的任何人而创作的。而且，它与米开朗琪罗晚年的宗教诗歌相呼应，他大部分的诗作是表达个人献身和慰藉的一种形式："我亲爱的主，你可以赋予我们灵魂，也可以将它剥夺，并用你纯净的血液治愈这些灵魂，治愈那无数的罪孽和人类的冲动……"因此，雕刻的过程似乎也是一种祈祷形式，一种让自己更接近上帝的方式：通过创造寻求救赎。

圣母站在岩石上，怀抱着她的孩子，但几乎没有支撑他的重量。米开朗琪罗的人物对抗着逻辑和重力定律，悬置于一个永恒的时刻。两个人物融合在一起，曾经拥有同一个身体的圣母和基督，再次变回了这样的状态。米开朗琪罗反复雕刻琢磨，在他逐渐深入地割入高而薄的石块时，他否定了一个又一个想法。基督分离的右臂最为明显地表现了雕塑经历的多次改动。这个令人难以忘怀的碎片是先前构图的幽魂残影，表明之前的版本有着更大更强壮的身体。如果没有这个断臂作为证据，我们几乎无法想象米开朗琪罗在雕刻时会做出如此多重大的改变。它见证了这位艺术家对石块不懈的击打。他总是在雕刻，却很少完成，并永远面临着用物质形式表达灵魂主题这一不可避免的悖论。而且，锤子的每次击打都进一步撕裂着基督的肉体。在极度的痛苦中，米开朗琪罗哀叹道："我邪恶的道路，浮华的诱惑 / 在我生活的阴影中，哦，帮助我反击它们，帮助并原谅我吧！现在你已向我们展示了你自己，就让这成为我们的保证。"这位极具天赋的艺术家感到一种深刻的空虚："在到达艺术和生命的终点之前，没有人能真正掌握艺术。"他的诗歌往往和他的雕塑一样零碎而不完整。

绘制于艺术家晚年的《耶稣受难》图纸

随着年龄的增长，绘画和诗歌成了米开朗琪罗最重要的创造表达载体。在一系列关于"耶稣受难"的动人且强烈个人化的画作中，艺术家探索了他的信仰并不断回归到其中一个中心原则：上帝派基督来到世界以拯救罪人。在重复的勾勒中，我们见证了米开朗琪罗试图用手抚摸他的主，接近基督。在这些图像的面前，人们就像艺术家一样被感动，开始祷告和吟诗，从而为画中人无声的痛苦提供声音。

前页：《隆达尼尼圣殇》现在在米兰的斯福尔扎城堡（Castello Sforzesco）展出。

上图：诸多令人难以忘怀的"耶稣受难"黑色粉笔画之一。米开朗琪罗的这幅画作藏于伦敦大英博物馆。

文艺复兴时期的医学

当米开朗琪罗在1564年病倒时，两位不同的医生开了一系列药物——主要是泻药、祛痰药和煎剂，他每天都服用几次。有些药是良性的，例如含有鼠尾草的糖水，和用于抑制咳嗽的止咳糖。其他的药听起来不那么有用，例如含糖玫瑰水中的碎珍珠——这是一种昂贵的特殊疗法，特用于重要人士，例如洛伦佐·德·美第奇就在临终时使用过。压碎的珍珠既没有帮到洛伦佐也没有帮到米开朗琪罗。

在他生命的最后十五年里，米开朗琪罗只雕刻了两件雕塑，都是以“圣殇”为主题。它们是他的陵墓、遗嘱和墓志铭，是他安息的方式。死亡是他的思想、他衰弱的生活、他沉思的诗歌的核心所在：“我的爱，在我死之前，我能够或应该按照你的意愿再感受些什么呢？”在绘画和诗歌中，米开朗琪罗提炼了他的信仰。在一系列关于“耶稣受难”的动人且强烈个人化的画作中，他通过充满爱意的粉笔痕迹接近了基督。他通过不断绘画，和主建立了身体的联系。在与这些令人难以忘怀的画作呼应的诗歌中，米开朗琪罗向上帝恳求：“主啊，在我最后的时光中，向我伸出你仁慈的双臂，带我离开自己，让我成为让你高兴的人。”

米开朗琪罗的一些诗歌和绘画应该是在同一时间创作的。米开朗琪罗或许在他画画的时候听到了诗歌，并想象出这些动人的画面。同样，他在诗歌和雕塑之间轻松游走，这两者都不过是一种塑造的形式，将原材料塑造为艺术，无论原材料是文字还是石块。像上帝一样，米开朗琪罗从呆板的材料中创造出生命。但作为一个人，他永远不会完美，也永远不会完结他的创作。

前页上图：米开朗琪罗为《隆达尼尼圣殇》和《基督下十字架》画的黑色粉笔习作，来自牛津阿什莫尔博物馆。

前页下图：佛罗伦萨洛伦佐图书馆中的一份泥金装饰手抄本的细节，展示了文艺复兴时期的医院病房。

上图：《隆达尼尼圣殇》的一个细节，显示了圣母未完成的左手，支持着她死去的儿子。

右图：康斯坦丁·布朗库西（Constantin Brancusi）二十世纪创作的《空中之鸟》那抽象而细长的延伸，让人们想起米开朗琪罗的最后一件雕塑。

米开朗琪罗在骑马前往圣彼得大教堂监督建造这座盛大的新教堂的日子里，他可以看到自己早期的《哀悼基督》雕塑，这件完成于半个多世纪前的杰作。那年轻的作品，有着他自豪的也是唯一刻在雕塑上的签名，让米开朗琪罗有理由骄傲，但也有可能激发他的哀伤，这种哀伤弥漫于他的诗歌中。

死亡和遗产

虽然米开朗琪罗比他所有直系亲属和许多最亲密的朋友都活得更久，但在他最后的岁月里，仍然有一群忠诚的仆人和一群经常光顾他家并照顾他的朋友，包括蒂贝里奥·卡尔卡尼，达尼埃莱·达·沃尔泰拉和托马索·德·卡瓦列里。1564年2月12日，米开朗琪罗一整天都在站着工作，雕刻《隆达尼尼圣殇》。但他突然开始发烧，眼看就要坚持不住。他的侄子莱昂纳多被紧急召唤到罗马，但还是来得太晚了。米开朗琪罗于1564年2月18日去世，还有两周他就要满89岁。他的遗体被秘密地带回佛罗伦萨，并被隆重地葬于圣十字教堂（Santa Croce）。

米开朗琪罗早年的职业生涯轨迹断断续续，独立于竞争激烈的艺术世界。他从未开设过传统的工作坊，并且避免了大多数文艺复兴时期艺术家都会进行的职业合作。他从未进入过专业公会，并不是因为中世纪的公会系统已行将消亡，而是因为他从未在固定的地点进行过“典型”的商业实践。相反，他的委任项目相对较少，但却巧妙地游走于密集的人际网络中，与许多各种各样的人物建立了关系。

从米开朗琪罗职业生涯的早期开始，他的艺术就是让人梦寐以求的商品，仅为少数选定的人士制作。他的传记作者阿斯坎尼奥·康迪维指出：“当越来越多的领主和富人向他求取作品并承诺优厚报酬时，他很少应允，即便他接受这样的请求，更多也是为了友情和善意，而不是为了报酬。”康迪维可能有些夸大其词，但也反映了一些事实。米开朗琪罗与赞助人的关系是建立在善意、友谊和家庭关系基础上的社会纽带的延伸。

就像之前的达·芬奇一样，米开朗琪罗试图像一个艺术家和朝臣一样生活，模糊了艺术家和赞助人之间、职业和个人义务之间的区别。他是一位艺术家，也是一位贵族，并且要求被这样对待。他对侄子二十五年来的忠告，相当于一份未发表的关于恰当举止和当代习俗的指南。

伽利略墓

佛罗伦萨的圣十字教堂经常被称为佛罗伦萨万神殿，因为里面安葬着许多著名人物，包括米开朗琪罗、伽利略、尼科洛·马基雅维利，和作曲家焦阿基诺·罗西尼（Gioacchino Rossini）。因为伽利略出生的时间和米开朗琪罗去世的时间相近，伽利略和他的同时代人都认为米开朗琪罗的天才被伽利略所继承。虽然这两个日期中间差了三天，但伽利略的传记作者们为了坐实他和米开朗琪罗之间的联系，略微更改了伽利略的星座，并将伽利略葬在一座令人印象深刻的纪念碑下，让这两位佛罗伦萨天才相对而立。

前页：许多佛罗伦萨艺术家合作创造了这座在佛罗伦萨圣十字教堂中的米开朗琪罗纪念碑。

上图：佛罗伦萨圣十字教堂中的伽利略墓。

文艺复兴时期的人文主义者很喜欢撰写关于贵族的专著。这些写作延续了古典的辩论，其中一个核心问题是一个人是否是贵族究竟根据其出身还是个人的美德和成就。从这两方面来说，米开朗琪罗都符合了对贵族的正当性和本质性要求。他对家族和血统的关注符合了全欧洲对贵族真正本质的看法。米开朗琪罗对财富、土地安全和社会地位的渴望，完全符合了当时的时代背景，和他的同胞们有着同样的价值观。与此同时，这些他所关注的问题将他与大多数同行艺术家区别开来，因为很少有艺术家能够宣称自己出身高贵，或是如此专注于家族荣誉和社会地位。

米开朗琪罗是一位创造艺术的贵族。毫无疑问，他将自己塑造成了一位贵族，而他那塞蒂尼亚诺（Settignano）的卑微出身和成为雕塑家的缓慢过程，被流行神话和他最伟大的成就所掩盖。作为一个贵族，米开朗琪罗彻底改变了艺术家和赞助人之间通常的屈从关系。因此，与他同时代的所有人相比，他显著地提升了自己的职业地位，从手艺人到天才，从工匠到绅士。贝尼尼、卡拉瓦乔、伦勃朗、鲁本斯、委拉斯凯兹，以及大多数后来的艺术家，都以不同的方式得益于米开朗琪罗对艺术家角色的重新定义。

德拉克洛瓦，向米开朗琪罗致敬

在17世纪和18世纪的大部分时间里，拉斐尔是文艺复兴时期艺术家卓越成就的标杆，而非米开朗琪罗。高产的拉斐尔在整个欧洲都留下了画作，但米开朗琪罗的画作只有在意大利才能观赏。18世纪和19世纪教育旅行开始兴起，英国绅士将环欧之旅作为教育的一部分，在这样的背景下，米开朗琪罗的声誉随之开始上升。乔舒亚·雷诺兹爵士（Sir Joshua Reynolds）、威廉·布莱克（William Blake）、亨利·菲尤泽利（Henri Fuseli）和尤金·德拉克洛瓦（Eugene Delacroix）等艺术家，都深深仰慕着米开朗琪罗的发明和他所提出的“*terribilità*”概念（意为力度和激烈程度的结合）。

前页：乔舒亚·雷诺兹爵士的自画像，画像中他站在米开朗琪罗胸像前。

左图：蒂贝里诺·蒂蒂（Tiberio Titi）在米开朗琪罗故居博物馆中的画作，描绘了佛罗伦萨艺术家为米开朗琪罗建造陵墓的情景。

上图：尤金·德拉克洛瓦在蒙彼利埃的法布尔博物馆（Musée Fabre）中的画作，描绘了米开朗琪罗在工作室中被他的雕塑包围，处于忧郁的沉思中的情景。

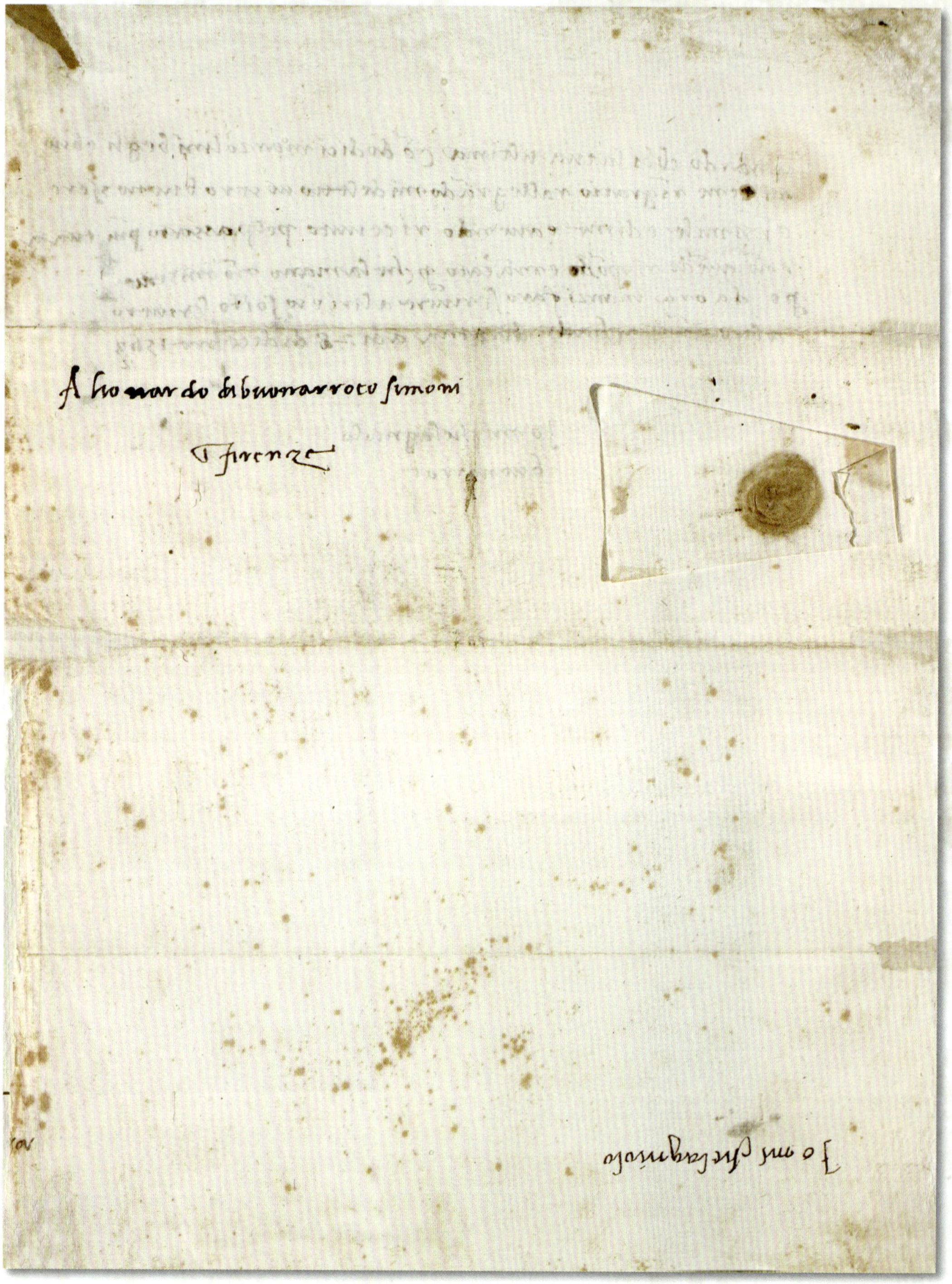
A lionardo di buonarroto simoni
in firenze

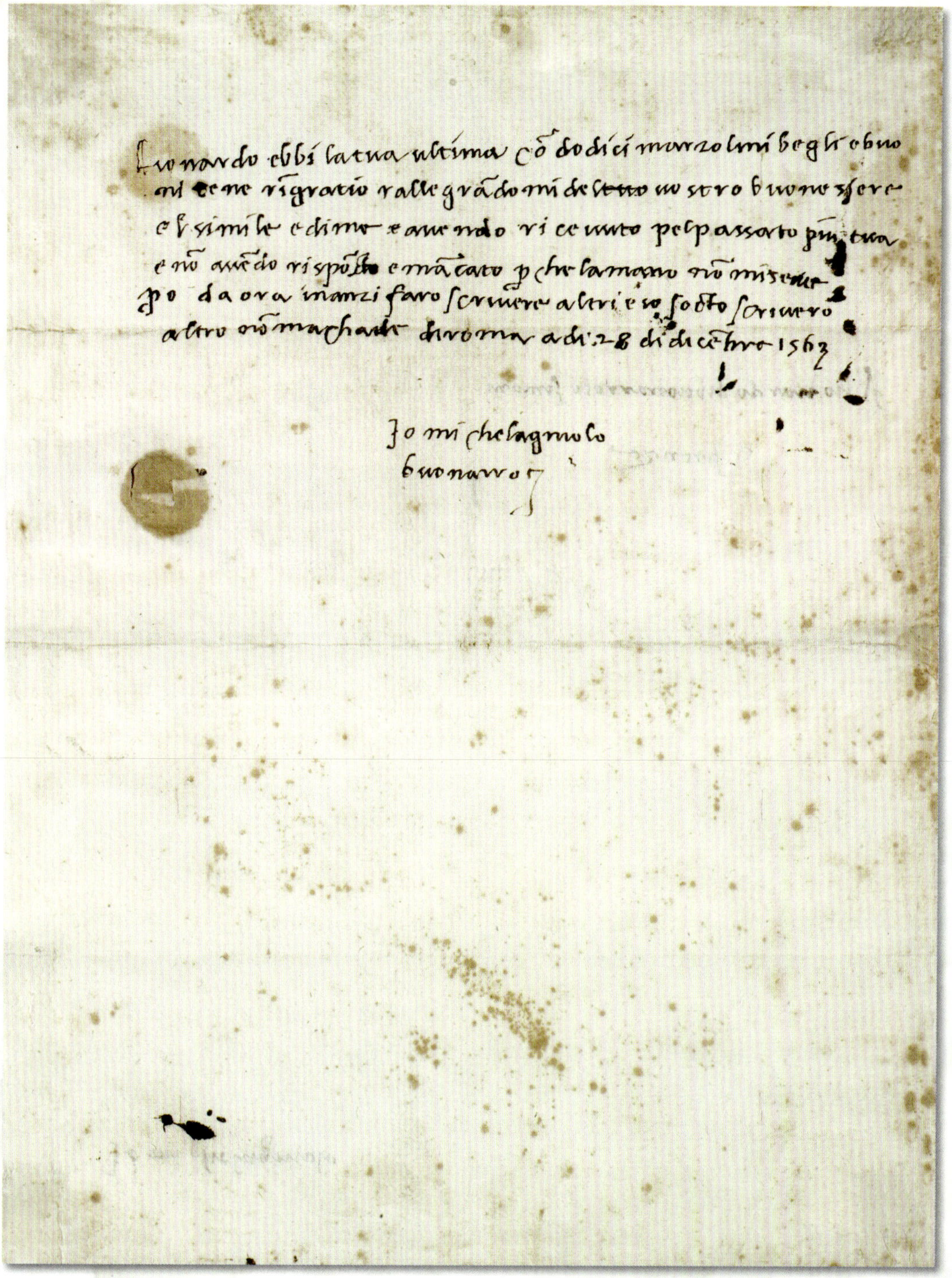

Lionardo ebbi latua ultima cō dodici marzolini begli ebuo
ni ete ne ringratio rallegrādomi del vostro buono essere
e il simile e di me e avendo ricevuto pel passato più tua
e nō avēdo rispōsto e mācato p che la mano nō mi serve
po da ora inanzi faro scrivere altri e io sotto scrivero
altro nō machade di roma adi 28 di dicēbre 1563

Io michelagniolo
buonarroti

前页和上图：米开朗琪罗 88 岁时写给在佛罗伦萨的侄子莱昂纳多的信，落款于 1563 年 12 月 28 日。这是米开朗琪罗写的最后一封信，信中感谢了莱昂纳多给他的 12 块“最优质美味的奶酪”。他用僵硬的手写道：“我的手没法再写信了，因此从现在开始，我会让其他人代写，然后由我签名。没有别的事了。1563 年 12 月 28 日，于罗马。”

中外文人名对照

Alessandro de' Medici 亚历山德罗·德·美第奇
Alessandro Farnese 亚历山德罗·法尔内塞
Angelo Doni 安杰洛·多尼
Angelo Poliziano 安杰洛·波利齐亚诺
Antonio da Sangallo 安东尼奥·达·圣加洛
Antonio Mini 安东尼奥·米尼
Aristotile da Sangallo 阿里斯托蒂莱·达·圣加洛
Ascanio Condivi 阿斯坎尼奥·康迪维

Benito Mussolini 贝尼托·墨索里尼
Benvenuto Cellini 本韦努托·切利尼
Bernardo Buontalenti 贝尔纳多·布翁塔伦蒂
Bernardo Niccolini 贝尔纳多·尼科利尼
Bernardo Bellotto 贝纳多·贝洛托
Bertoldo di Giovanni 贝尔托多·迪·乔瓦尼
Biagio da Cesena 比亚焦·达·切塞纳

Cardinal Giulio de' Medici 朱利奥·德·美第奇
Catherine de' Medici 凯瑟琳·德·美第奇
Constantin Brancusi 康斯坦丁·布朗库西
Cosimo de' Medici 科西莫·德·美第奇
Countess Matilda 玛蒂尔达伯爵夫人
Cristoforo Landino 克里斯托福罗·兰迪诺

Daniele da Volterra 达尼埃莱·达·沃尔泰拉
Dante Gabriel Rossetti 但丁·加百利·罗塞蒂
Desiderius Erasmus 德西迪里厄斯·伊拉斯谟
Domenico Ghirlandaio 多梅尼科·基尔兰达约
Donato Bramante 多纳托·布拉曼特
Donato Giannotti 多纳托·詹诺蒂
Duke Alfonso d'Este 阿方索·德斯特公爵
Duke Federico 费代里科公爵

Emilio Zocchi 埃米利奥·佐基
Eugene Delacroix 尤金·德拉克洛瓦

Ferrante Francesco d'Avalos 费兰特·弗朗切斯科·达瓦罗斯
Filippo Brunelleschi 菲利波·布鲁内莱斯基
Fra Angelico 弗拉·安杰利科
Fra Filippo Lippi 弗拉·菲利普·利皮
Francesco Bandini 弗朗切斯科·班迪尼
Francesco Borromini 弗朗切斯科·博罗米尼
Francesco di Bernardino Amadori 弗朗切斯科·迪·贝尔纳迪诺·阿马多里
Francesco Granacci 弗朗切斯科·格拉纳奇
Frank Lloyd Wright 弗兰克·劳埃德·赖特

Gianlorenzo Bernini 乔凡尼·洛伦佐·贝尼尼
Gioacchino Rossini 焦阿基诺·罗西尼
Giorgio Vasari 乔治·瓦萨里
Giorgione da Castelfranco 乔尔乔内·达·卡斯特佛兰克
Giovan Francesco Aldovrandi 焦万·弗朗切斯科·阿尔多瓦兰迪
Giovanni Bellini 乔瓦尼·贝利尼
Giovanni de' Medici 乔瓦尼·德·美第奇
Girolamo Savonarola 吉罗拉莫·萨沃纳罗拉
Giuliano Bugiardini 朱利亚诺·布贾尔迪尼

Giuliano da Sangallo 朱利亚诺·达·圣加洛

Giuliano della Rovere 朱利亚诺·德拉·罗韦雷

Giulio de' Medici 朱利奥·德·美第奇

Hans Holbein 汉斯·荷尔拜因

Henri Fuseli 亨利·菲尤泽利

Irving Stone 欧文·斯通

Jacopo della Quercia 雅各布·德拉·奎尔恰

Jacopo Gallo 雅各布·加洛

Jacopo Sansovino 雅各布·圣索维诺

Jean de Bilhères 让·德·比耶尔

Jean Leon Gérome 让·莱昂·热罗姆

Julius Caesar 尤利乌斯·恺撒

Kenneth Clark 肯尼斯·克拉克

Leonardo da Vinci 莱奥纳多·达·芬奇

Lorenzo de' Medici 洛伦佐·德·美第奇

Luca Signorelli 卢卡·西尼奥雷利

Ludovico Buonarroti Simoni 洛多维科·博纳罗蒂·西蒙尼

Luigi Arighetti 路易吉·阿里格蒂

Luigi de' Rossi 路易吉·德·罗西

Maarten van Heemskerck 马尔滕·梵·海姆斯凯克

Maddalena Strozzi 马达莱娜·斯特罗齐

Marcello Venusti 马尔塞洛·韦纽斯蒂

Marcus Aurelius 马可·奥勒留

Marcus Brutus 马可斯·布鲁图

Marsilio Ficino 马尔西利奥·菲奇诺

Matteo Rosselli 马泰奥·罗塞里

Melozzo da Forli 梅洛佐·达·福尔利

Monte Cavallo 蒙特·卡瓦洛

Niccolò dell'Arca 尼科洛·德尔·拉尔卡

Niccolò Machiavelli 尼科洛·马基雅维利

Niccolò Ridolfi 尼科洛·里多尔菲

Nicola Pisano 尼古拉·皮萨诺

Peter Paul Rubens 彼得·保罗·鲁本斯

Pico della Mirandola 皮科·德拉·米兰多拉

Piero de' Medici 皮耶罗·德·美第奇

Piero Gondi 皮耶罗·贡迪

Piero Soderini 皮耶罗·索代里尼

Pietro da Cortona 皮得罗·达·科尔托纳

Pliny the Elder 老普林尼

Raffaele Riario 拉法埃莱·里亚里奥

Rhea Silvia 雷亚·西尔维亚

Roberto Strozzi 罗伯托·斯特罗齐

Sandro Botticelli 桑德罗·波提切利

Santi di Tito 圣·第·蒂托

Sebastiano del Piombo 塞巴斯蒂亚诺·德·皮翁博

Sigmund Freud 西格蒙德·弗洛伊德

Sir Joshua Reynolds 乔舒亚·雷诺兹爵士

St Bartholomew 圣巴塞洛缪

St Jerome 圣哲罗姆

Taddeo Taddei 塔代奥・塔代伊

Tiberio Calcagni 蒂贝里奥・卡尔卡尼

Tiberio Titi 蒂贝里诺・蒂蒂

Tommaso de' Cavalieri 托马索・德・卡瓦列里

Vittoria Colonna 维托丽亚・科隆纳

William Blake 威廉・布莱克

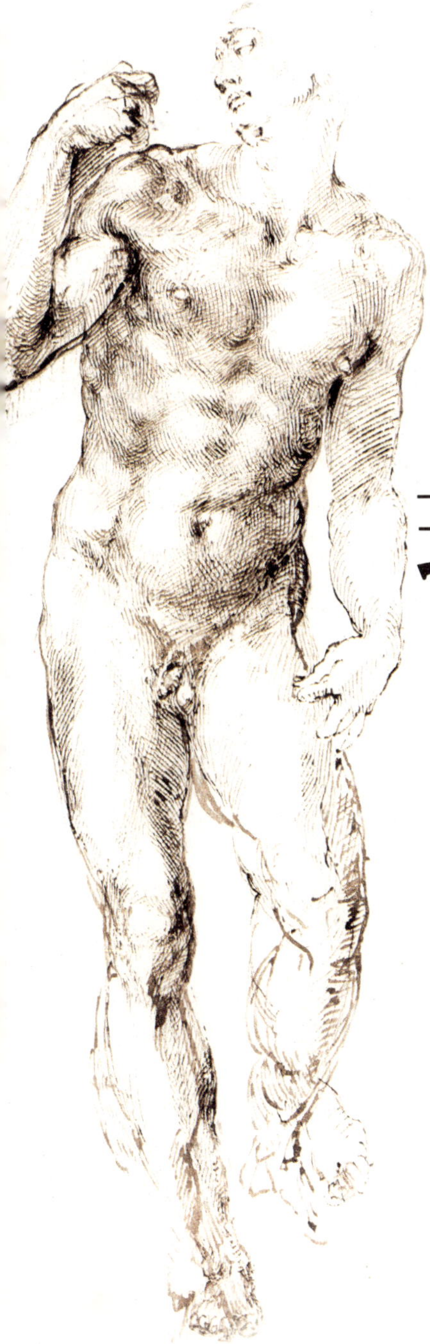

珍贵文献

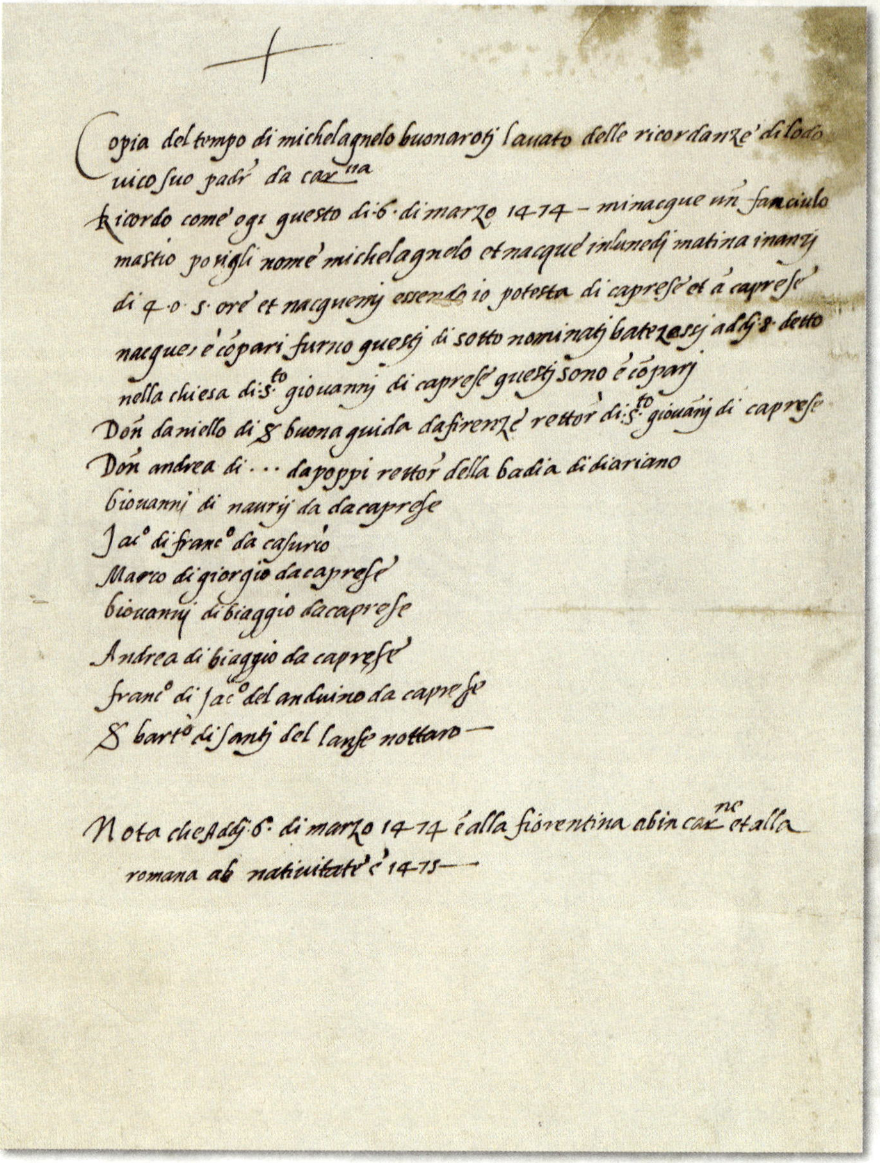
Copia del tempo di michelagnelo buonarotj lauato delle ricordanze di lodo
uico suo padr da cax^na
Ricordo come ogi questo di 6 di marzo 1474 – mi nacque un fanciulo
mastio posigli nome michelagnelo et nacque in lunedj matina inanzj
di 4 o 5 ore et nacquemj essendo io potesta di caprese et a caprese
nacque, e copari furno questj di sotto nominatj batezosj adj 8 detto
nella chiesa di s.to giouannj di caprese questj sono e coparj
Don daniello di S buonaguida da firenze rettor di s.to giouanj di caprese
Don andrea di ... da poppi rettor della badia di diariano
Giouannj di naurij da da caprese
Jac.o di franc.o da casurio
Marco di giorgio da caprese
Giouannj di biaggio da caprese
Andrea di biaggio da caprese
franc.o di Jac.o del anduino da caprese
S bart.o di santj del lanse nottaro –

Nota che adj 6 di marzo 1474 e alla fiorentina ab in car.ne et alla
romana ab natiuitate e 1475 –

上图：米开朗琪罗的父亲于 1474 年 3 月 6 日（按公历为 1475 年）为其子所做的出生记录（*ricordanza*）副本，并附有米开朗琪罗在卡普雷塞圣乔瓦尼教堂（San Giovanni in Caprese）受洗时的见证人名单。

米开朗琪罗的出生记录

据父亲洛多维科所回忆的米开朗琪罗·博纳罗蒂出生时间。

我特此记录，在 1474 年 3 月 6 日的这一天我的儿子出生了，我给他起名为米开朗琪罗。

他出生在一个星期一早上，黎明破晓前的 4 到 5 个小时，当时我是卡普雷塞的行政长官，他出生在卡普雷塞。他的教父如下所示，他于同月 8 日在卡普雷塞圣乔瓦尼教堂（S. Giovanni di Caprese）受洗。

以下是他的教父和公证人的名字。

注：日期是 1474 年 3 月 6 日，这里是根据佛罗伦萨的纪年（*ab incarnatione*），若根据罗马纪年（*a nativitate*），则为 1475 年。

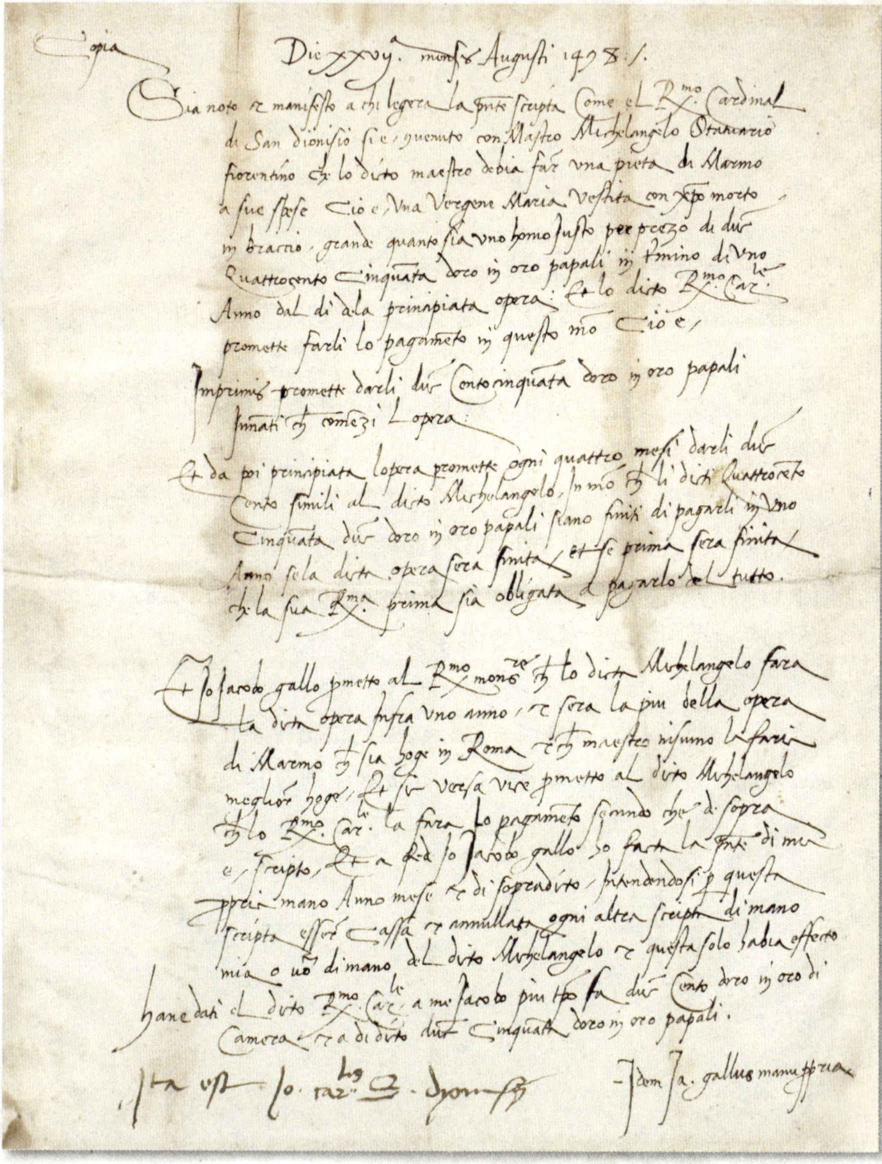
Copia

Die xxvij. mensis Augusti 1498.

Sia noto et manifesto a chi legera la pnte scripta come el Rmo. Cardinal
di San dionisio si e convenuto con Mastro Michelangelo Statuario
fiorentino che lo dito maestro debia far una pieta di Marmo
a sue spese cio e una Vergene Maria vestita con xpo morto
in braccio, grande quanto sia uno homo iusto per prezo di duc
Quattrocento Cinquanta doro in oro papali in termino di uno
Anno dal di de la principiata opera. Et lo dito Rmo Carle
promette farli lo pagamento in questo modo Cio e,

Imprimis promette darli duc Centocinquanta doro in oro papali
inanti che comenzi Lopera.

Et da poi principiata lopera promette ogni quattro mesi darli duc
Cento simili al dito Michelangelo, in modo che li diti Quattrocento
Cinquanta duc doro in oro papali siano finiti di pagarli in uno
Anno se la dita opera sera finita, et se prima sera finita
che la sua Rma prima sia obligata a pagarlo del tutto.

Et Io Iacobo gallo prometto al Rmo monsre che lo dito Michelangelo fara
la dita opera infra uno anno, et sera la piu bella opera
di Marmo che sia hogi in Roma et che maestro nissuno la faria
meglior hogi. Et sic versa vice prometto al dito Michelangelo
che lo Rmo Carle li fara lo pagamento secondo che di sopra
e scripto. Et a fede io Iacobo gallo ho fatta la pnte di mia
propria mano Anno mese et di sopradito. Intendendosi per questa
scripta esser cassa et annullata ogni altra scripta di mano
mia o vero di mano del dito Michelangelo et questa solo habia effecto.
hane dati el dito Rmo Carle a me Iacobo piu tempo fa duc Cento doro in oro di
Camera et a di dito duc Cinquanta doro in oro papali.

Ita est Jo. Carlis S. Dyonisii

Idem Ja. gallus manu propria

上图：米开朗琪罗雕刻位于罗马的《哀悼基督》的协议副本，由担保人雅各布·加洛（Jacopo Gallo）签署，日期为 1498 年 8 月 7 日。

米开朗琪罗创作《哀悼基督》的协议

1498 年 8 月 26 日

向所有阅读本文件的人员告知并明示，最令人尊敬的圣迪奥尼吉红衣主教（Cardinal of San Dionigi）已与佛罗伦萨雕塑大师米开朗琪罗达成协议，雕塑家应以正当费用制作大理石雕塑《哀悼基督》。这件雕塑将刻画一个披着布料的圣母玛丽亚，其臂弯中有死去的基督，雕塑应为真人大小，总费用为 450 个教皇金币达克特，工期时长为一年。红衣主教承诺以下列方式支付这笔款项：他承诺在工程开始之前支付 150 达克特，之后每四个月向米开朗琪罗支付 100 达克特。如果上述工作在一年内完成，那么总共 450 达克特的费用将会在一年内付清。如果早于该期限完工，则主教大人应于雕塑完成时付清余款。

本人，雅各布·加洛，向尊敬的阁下承诺，米开朗琪罗将在一年内完成上述工作，并且这件作品将是罗马迄今为止最美丽的大理石作品，我们时代没有别的大师的作品能够企及。同时，我向米开朗琪罗保证，红衣主教大人将按照书面规定的方式支付款项。我雅各布·加洛本着真诚的态度，亲手写下此文件，日期如前所述。

请注意，先前由我或米开朗琪罗起草的所有协议此刻均被视作无效，并且只有本协议被视作有效。

前段时间，尊敬的红衣主教给了我 100 达克特的教皇金币，并且今天我从他那里收到了另外 50 达克特的教皇金币。

双方签名

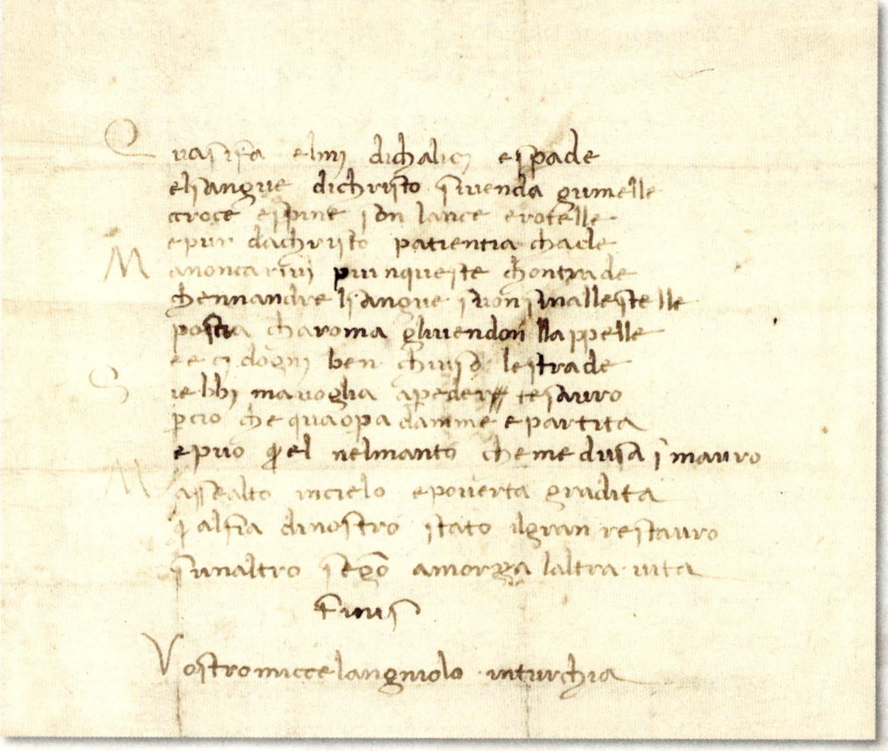

上图：米开朗琪罗早期的一首十四行诗，创作于 15 世纪 90 年代末或 1512 年左右，内容是对罗马和教皇的好战和物质主义的尖刻攻击。有趣的是，出于他个人的流亡体验，米开朗琪罗在底部的签名是：“*Vostro Micccelangniolo in Turchia*”（“米开朗琪罗作于土耳其”）。

一首米开朗琪罗早期的十四行诗

这里的头盔和宝剑由圣杯做成，
基督的血被出卖太多，
他的十字架和荆棘是长矛和盾牌；
但他的忍耐却没有片刻的停歇。
不，别让他再提高费用，
被那些罄竹难书的污秽亵渎！
因为罗马宫廷仍会折磨他出卖他，
通往美德的道路已经闭锁。
现在是时候让我搜刮宝物了！
工作和收获都已消失了；而他
穿着长袍，仍然是我的美杜莎。
上帝也许愉快地迎接贫穷，
但对于更好的生活，我们有什么希望，
当幸福的旗帜只能导向困窘？

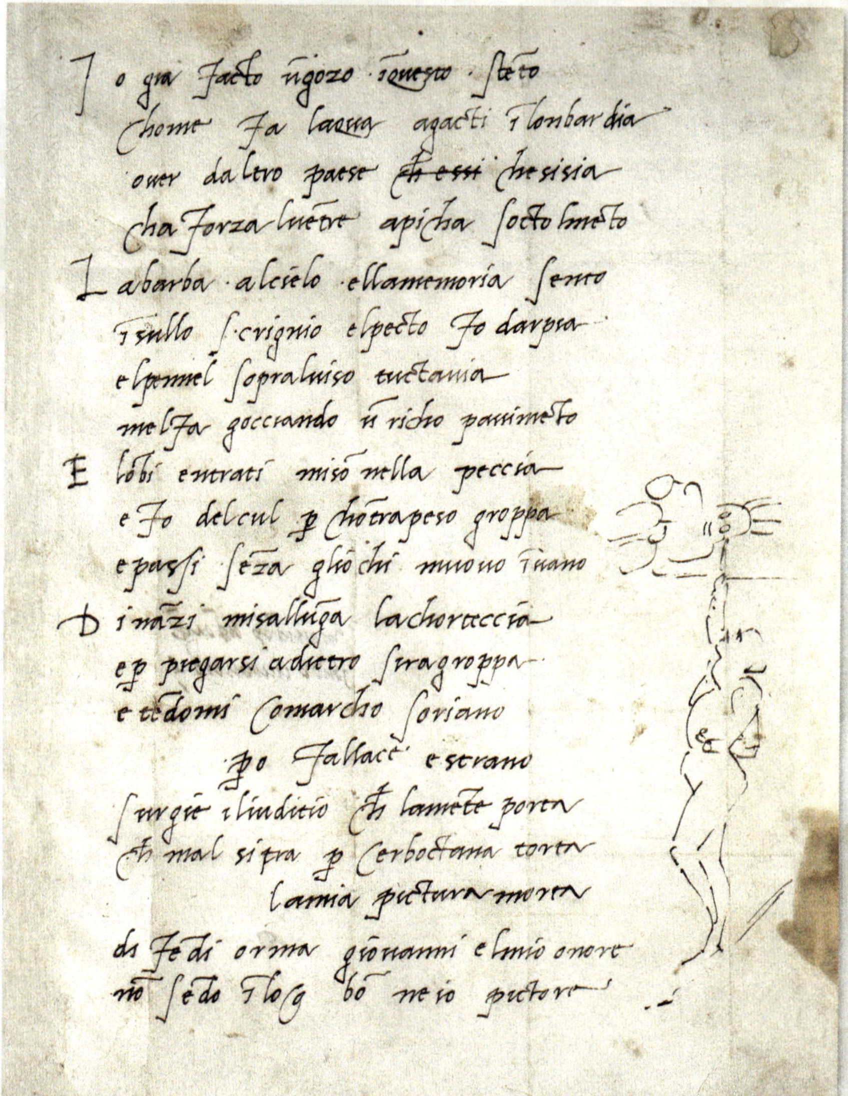
I o gia facto ungozo in questo stento
chome fa laqua agacti i lonbardia
over daltro paese ~~che essi~~ che si sia
cha forza luentre apicha socto lmento
La barba al cielo ella memoria sento
in sullo scrignio elpecto fo darpia
elpennel sopralviso tuctavia
melfa gocciando un richo pavimento
E lombi entrati miso nella peccia
e fo delcul p chontrapeso groppa
e passi seza gliochi muovo invano
Dinanzi misallunga lachoteccia
ep piegarsi adietro siragroppa
e tendomi comarcho soriano
po fallace e strano
surgie ilindicio che lamente porta
che mal si tra p cerbottana torta
La mia pictura morta
de fendi orma giovanni elmio onore
non sendo i loco bo ne io pictore

上图：米开朗琪罗的一首十四行诗，内容是关于绘制西斯廷教堂的天顶画，在边缘空白处有一幅类似卡通的图案，描绘的是艺术家工作时的场景。他总结道：“我状态不佳，我不是画家。”

米开朗琪罗的十四行诗自白

我窝在这个小房间，患上甲状腺肿大，
就像伦巴第的停滞溪流中的猫，
或是它们碰巧所在的其他地方。
肚皮紧紧地贴着下巴，
我的胡须朝着天上；我的颈背塌陷，
固定在我的脊柱上；我的胸骨明显，
像竖琴一样生长；一幅绚烂的刺绣，
在我的脸庞，刷子滴下的油彩薄厚不一。
像杠杆的碾压一样，我的髋骨进入了我的肚子；
我的臀部像皮带承受我的重量；
我的脚漫无目的地来回游荡；
我上半身的皮肤又松又长；
我的后背因为弯曲变得更加紧张狭窄；
我横向伸展自己，就像叙利亚弓。
虚假和古怪从何而来，我知道，
一定是大脑和双眼歪斜的结果；
因为疾病可以瞄准弯曲的枪。
那么，乔瓦尼，试试吧，
救助我死去的画作和我的名声；
因为我遭遇了犯规，而绘画是我的耻辱。

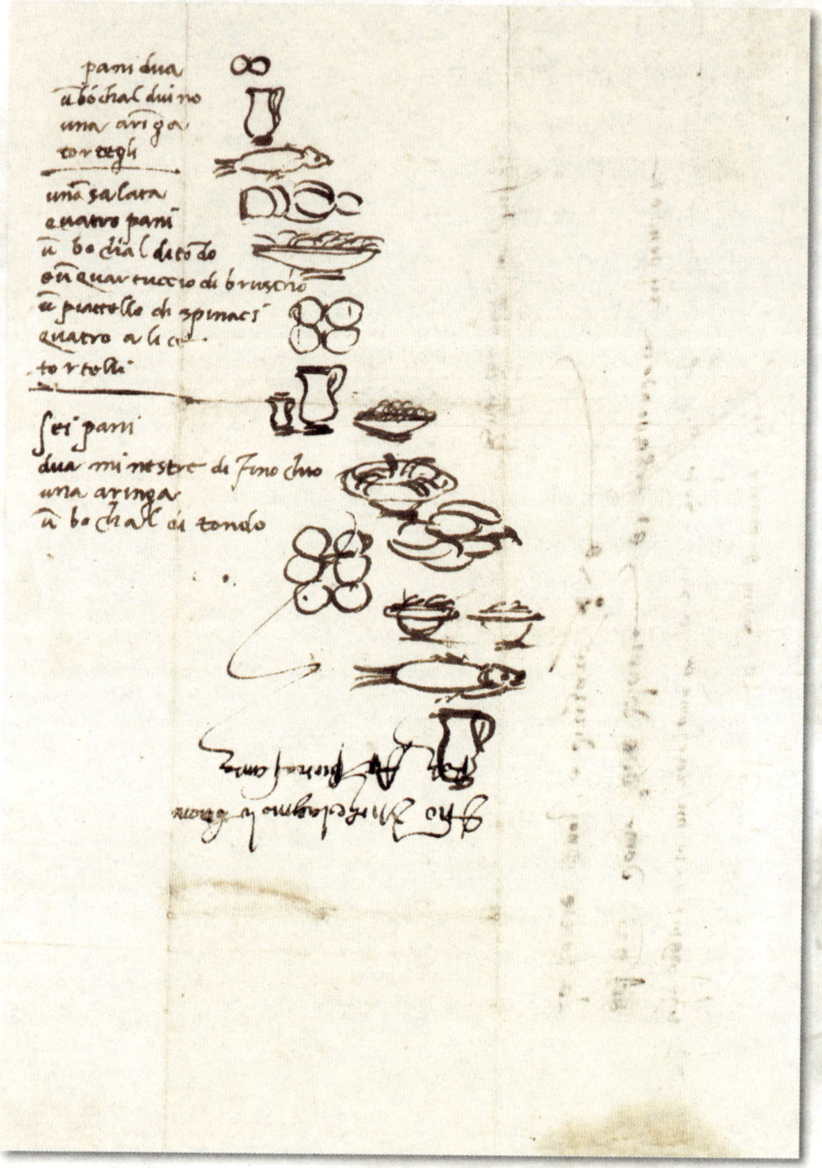

上图：米开朗琪罗的三餐菜单，写在从贝尔纳多·尼科利尼处收到的一封信的背面，日期为1518年3月18日。

三餐菜单

两个面包

一壶酒

一只鲱鱼

意大利饺子

一份沙拉

四个面包

一壶唐多酒

四分之一壶布鲁斯奇诺酒

一盘菠菜

四条凤尾鱼

意大利饺子

六个面包

两份茴香汤

一只鲱鱼

一壶唐多酒

Bastiano balena mio lauoratore a auuto da uno
mese insino aoggi adi dua di nouembre 1530 staia
3 di saggina e uno p dorzo e uno digrano e lire dodici
e io o auuto da lui barili sette e mezzo di uino
E adi 3 didecto decto bastiano auuto da me michelagnio
lo staia cinque digrano p seminare

E oggi adi 5 didecto decto bastiano balena a
a auuto staia. cinque digrano quatro p seminare
e uno p mangiare
E oggi decto di auentura dapazzolatica. staia (dua) di
grano p seminare

E domenico mio lauoratore a macia a auuto
da me p insino al decto staia sei g digrano p
seminare

E. oggi adi undici didecto a auuto uentura dapazzolatico
staia sei digrano uno p mangiare e cinque p semina
re e uno staio di saggina
E oggi adi dodici di decto bastiano balena a auuto staia
quatro digrano p tre p seminare e uno p mangiare
e uno staio di saggina

E oggi adi ~~dodici~~ quindici didecto o dato adomenico da
macia staia 3 digrano p seminare
E oggi adi uenti didecto o dato adomenico lauoratore
da macia staia sei digrano p seminare
E decto di o dato al balena cinque grossi di sei soldi luno

前页和上图：米开朗琪罗的日记，他记录了在 1529 年至 1530 年佛罗伦萨围城期间周围房屋遭到破坏后，他的农场供应的谷物和种子。反面则列出了仍然在他家中的液体存货，这是当时围城期间应对饥荒的政府所要求的。文字的开头是：“*Io Michelaagniolo buonarroti o in casa barili octo di vino ...*”（“我，米开朗琪罗·博纳罗蒂，家里有八桶葡萄酒……”）

米开朗琪罗的日记

我的工人巴斯提亚诺·巴莱纳（Bastiano Balena）从一个月前到今天，即1530年11月2日，已经收到3蒲式耳的粟、1蒲式耳大麦、1蒲式耳小麦和12个里拉，我从他那里收到七桶半葡萄酒。

11月3日，巴斯提亚诺从我这里收到了5蒲式耳小麦用于播种。

今天，11月5日，巴斯堤亚诺·巴莱纳收到了5蒲式耳的小麦：四份用于播种，一份供食用。

今天，给了帕佐拉提科（Pazzolatico）的文图拉（Ventura）2蒲式耳小麦用于播种。

我的来自马西亚（Macia）的工人多梅尼科（Domenico）从我这儿收到了6蒲式耳的小麦用于播种。

今天，11月11日，帕佐拉提科的文图拉收到了6蒲式耳的小麦：一份食用，五份用于播种。还有1蒲式耳的小米。

今天，11月12日，巴斯提亚诺·巴莱纳收到了4蒲式耳的小麦：三份用于播种，一份食用。还有1蒲式耳的小米。

今天，11月15日，我给马西亚的多梅尼科送了3蒲式耳小麦用于播种。

今天，11 月 20 日，我给了我的工人马西亚的多梅尼科 6 蒲式耳小麦用于播种。

今天，我以 6 个铜币的价格给了巴利纳 5 份猪油。

圣十字教区，黑狮的贡法洛内（Gonfalone）。

我，米开朗琪罗·博纳罗蒂，家里有八桶葡萄酒、约两桶豆子、半桶醋，和四个月的食物。

现在是 4 月 16 日。

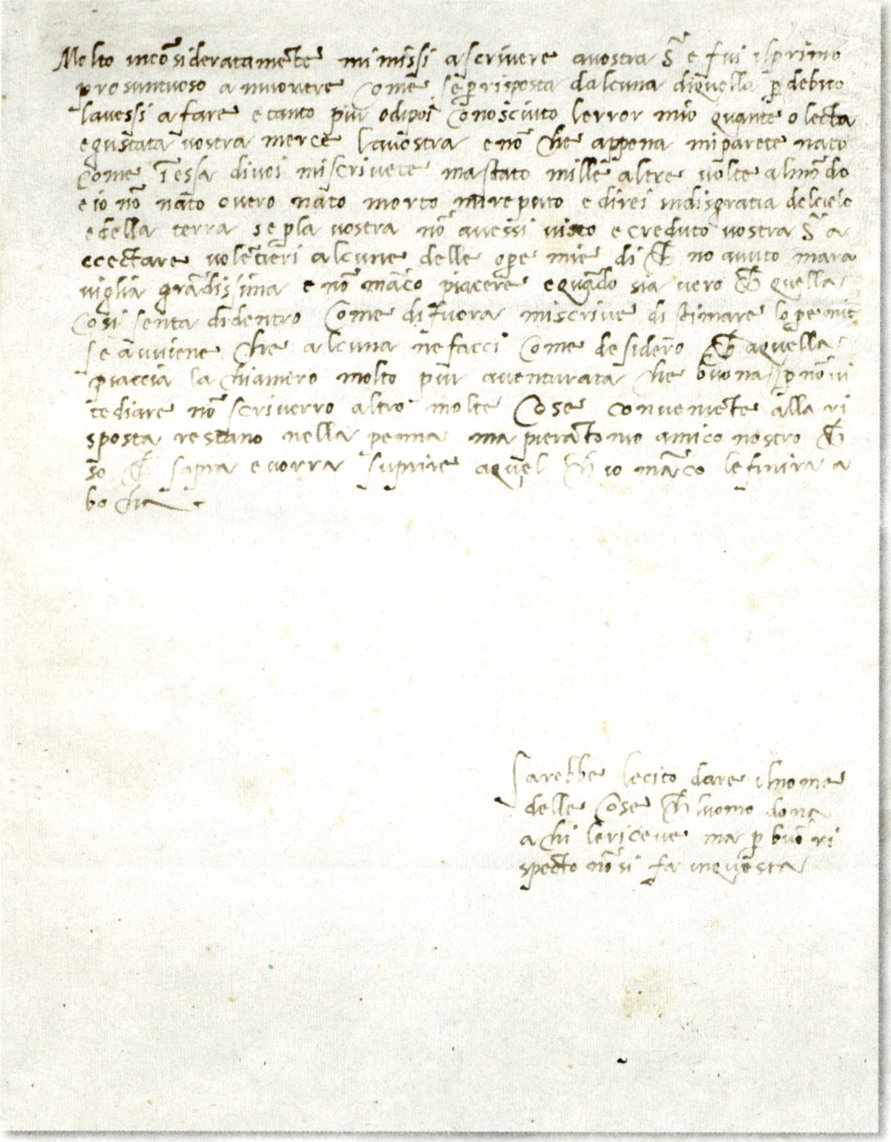
Molto inconsideratamente mi missi a scrivere a vostra S. e fui il primo
prosuntuoso a muovere, come se a risposta d'alcuna di quella per debito
l'avessi a fare, e tanto più o di poi conosciuto l'error mio quanto ò letta
e gustata vostra mercé la vostra, e non che a pena mi parete nato
come [illegible] mi scrivete, ma stato mille altre volte al mondo;
e io non nato ovvero nato morto mi parrei e direi in disgratia del cielo
e della terra, se per la vostra non avessi visto e creduto vostra S. a
accettare volentieri alcune delle opere mie, di che n'ò avuto mara
viglia grandissima e non manco piacere. E quando sia vero che quella
così senta di dentro come di fuora mi scrive di stimare l'opere mie,
se avviene che alcuna ne facci come desidero che a quella
piaccia, la chiamerò molto più avventurata che buona. Per non vi
tediare non scriverò altro. Molte cose convenienti alla ri
sposta restano nella penna, ma Pierantonio amico nostro, che
so che saprà e vorrà supplire a quel che io manco, le finirà a
bocca.

Sarebbe lecito dare i nomi
delle cose che l'uomo dona
a chi le riceve, ma per buon ri
spetto [illegible] si fa in questa.

上图：1533 年 1 月 1 日米开朗琪罗写给他的新朋友托马索·德·卡瓦列里的信，表达了他希望这位年轻的罗马贵族接受他为其创作一些画作的愿望。

米开朗琪罗给卡瓦列里的一封信

我鲁莽地写信给您，迈出了第一步，好像我必须回应您给我的一些东西。后来，当我阅读并品味您热情的回复时，我更加意识到了自己的错误。尽管您表现得像一个新生的孩童一样天真纯洁，但您的文字让我感到您似乎已在人间历练千世。如果没有从您的信中了解到您会愿意接受我的一些作品，我会觉得自己从未出生，或已经在天地间耻辱地死去。

这让我感到非常惊讶，但也极其愉快。关于我的作品，如果您内心的想法和信中公开表达的想法一致，如果其中一个作品正如我所愿的那样碰巧能够取悦您，那一定是因为我的幸运而非实力。我应该停笔了，以免您读得厌倦。我想说的许多事还没有下笔，但我知道我们的朋友皮耶兰托尼奥（Pierantonio），会将我没有提及的事情亲口告诉您。

一般来说，理应告诉收礼的人礼物的内容，但我有充分的理由没有在这封信中提及。

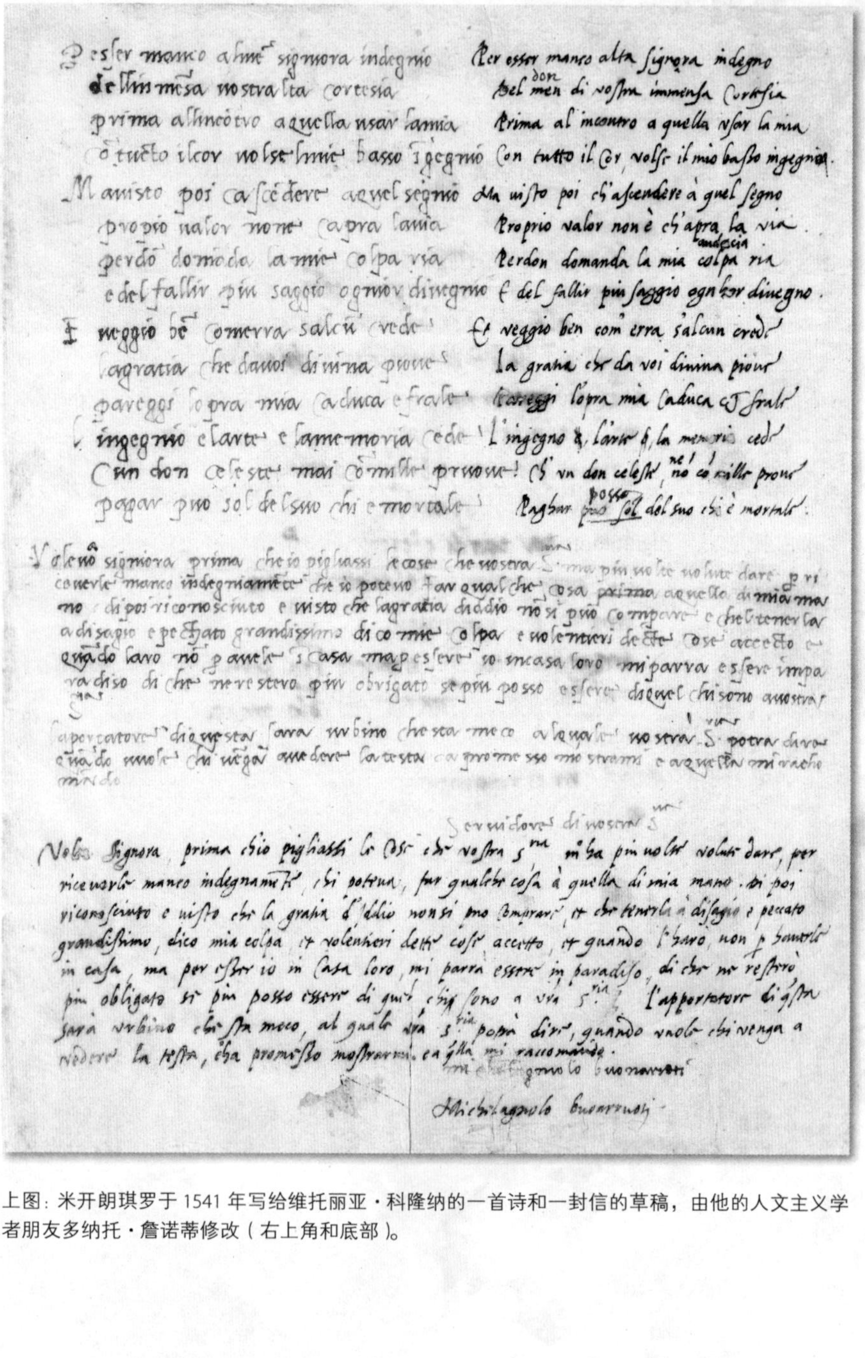

上图：米开朗琪罗于 1541 年写给维托丽亚·科隆纳的一首诗和一封信的草稿，由他的人文主义学者朋友多纳托·詹诺蒂修改（右上角和底部）。

米开朗琪罗写给维托丽亚·科隆纳的一首诗和一封信

希望我至少不要一无是处，
为了崇高和无限的德行，
我最初的愚蠢想法是徒劳无功的尝试，
他们可以为了恩典而无限地屈服。
但现在我懂得了我无助的智慧，
都太过羸弱，让我无法高飞；
原谅我，女士，为了这个错误我哭了，
更智慧的是我记住了它。
是的，我看到了愚蠢的想法，
您的慷慨赠予就仿佛天堂的甘露，
我平庸的工作永远无法回报这样的馈赠！
我的艺术和才能沉向虚无；
平凡的肉身给予了
上千倍的回报，来匹配一件神圣的礼物。

我的女士，我想在接受您一直想给我的东西之前，用自己的手为您做点什么，这样我才更能配得上您的赠予。我见证并意识到上帝的恩典是不能购买的，并且让您久等是一件大罪过，我承认自己的错误，而且很高兴接受您的礼物。当我收到这些礼物的时候，我会感到身处天堂，并不是因为拥有这些礼物，而是因为我将比现在更感激您的恩惠。

乌尔比诺是这封信的信使，他和我住在一起，您如果想让我前去，参观您承诺将向我展示的克里斯蒂头像，您可以通过他告知我。致以我最诚挚的问候。

您的仆人米开朗琪罗·博纳罗蒂

A Michel'ang[lo] buonaroti

In Roma

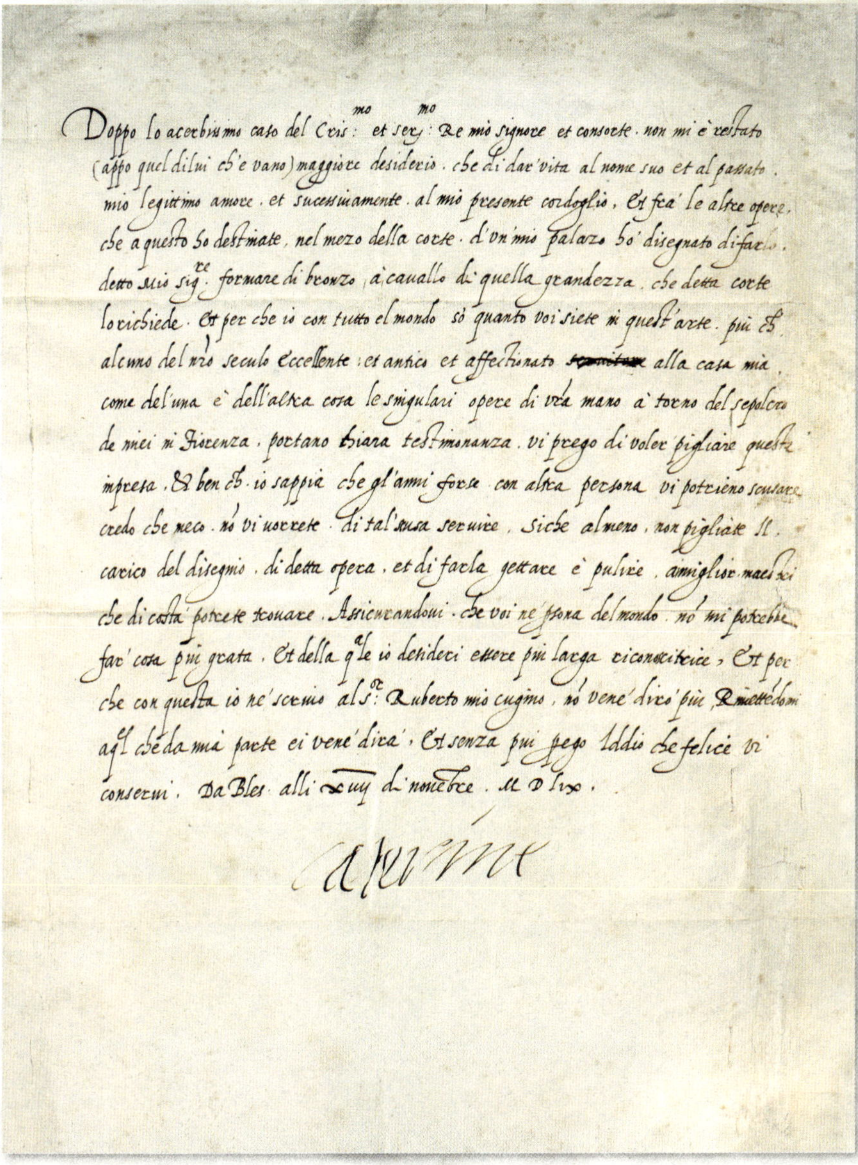

Doppo lo acerbissimo caso del Cris:mo et ser:mo Re mio signore et consorte non mi è restato
(appo quel di lui ch'è vano) maggiore desiderio, che di dar vita al nome suo et al passato
mio legittimo amore, et successiuamente al mio presente cordoglio. Et fra le altre opere
che a questo ho destinate, nel mezo della corte d'un mio palazo ho disegnato di farlo
detto mio sig:re formare di bronzo, a cauallo di quella grandezza, che detta corte
lo richiede. Et per che io con tutto el mondo so quanto voi siete in quest'arte, più ch'
alcuno del n(ost)ro seculo eccellente, et antico et affectionato ~~[illegible]~~ alla casa mia,
come dell'una è dell'altra cosa le singulari opere di v(ost)ra mano a torno del sepolcro
de miei in Fiorenza, portano chiara testimonianza, vi prego di voler pigliare questa
impresa, & ben ch' io sappia che gl'anni forse con altra persona vi potrieno scusare
credo che meco nō vi uorrete di tal scusa seruire, siche almeno, non pigliate il
carico del disegnio, di detta opera, et di farla gettare è pulire, a migliori maestri
che di costà potrete trouare. Assicurandovi che voi ne p(er)sona del mondo nō mi potrebbe
far cosa più grata. Et della q(ua)le io desideri essere più larga riconoscitrice. Et per
che con questa io ne scriuo al S:or Ruberto mio cugino, nō vene dirò più, Rimettēdomi
a q(ue)l ch'e da mia parte ei vene dirà. Et senza più p(re)go Iddio che felice vi
conserui. Da Bles alli xiiij di nouēbre. MDlix.

Caterina

前页和上图：1559 年 11 月 14 日，法国女王凯瑟琳·德·美第奇的一封信，关于她希望米开朗琪罗能够为她已故的丈夫亨利二世（法国前国王）创作骑马雕像。虽然是一位抄写员手写了这封信，但凯瑟琳亲自签了名："Catherine"。

凯瑟琳·德·美第奇女王致米开朗琪罗的一封信

致米开朗琪罗·博纳罗蒂

在罗马

在最虔诚、最平和的国王、我的主去世之后，我只剩下了一个最强烈的渴望（没有了他，一切都没有意义），就是纪念他，同时也纪念我故去的正直的爱，和我现在的悲痛。为了这个目的，我的一个宫殿的庭院中心有一些作品，我希望其中能有我先夫的青铜骑马像。因为我知道您对这门艺术的卓越才能和专业享誉全世界，而且您对我们家也充满感情，我父母在佛罗伦萨的陵墓周围的非凡作品就是最好的例证。鉴于这些原因，我恳请您承担这个项目。我知道您年事已高，如果别人委托您，您可能不会接受，但我希望您不会拒绝我。我希望您能担任这个项目的负责人，并找到最好的大师建造。请您相信，世界上再没有其他人能够给我带来如此大的宽慰，我由衷地感谢您。我委托了我的堂兄罗伯特，请他代我转达。愿上帝保佑您。Da Bles alli，1559 年 11 月 14 日。

凯瑟琳

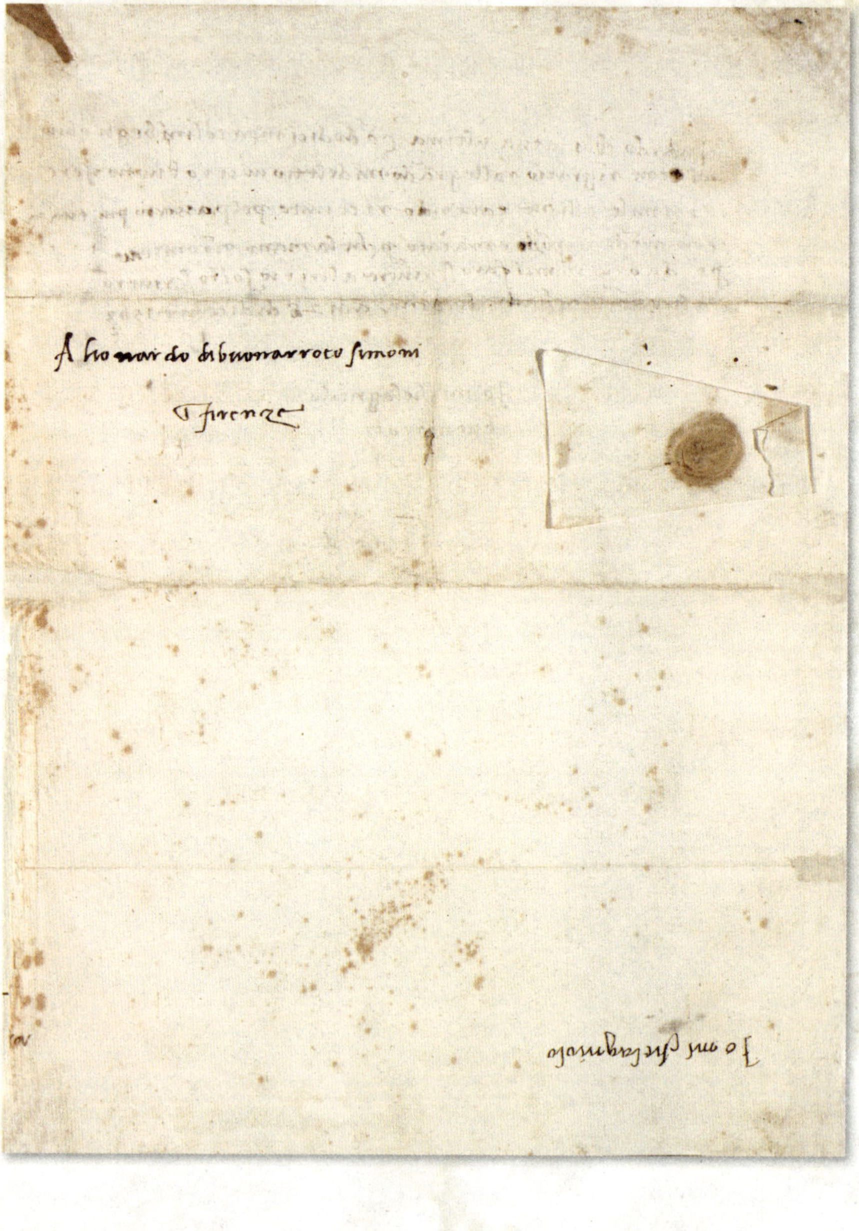

A lionardo di buonarroto simoni

In firenze

Io michelagniolo

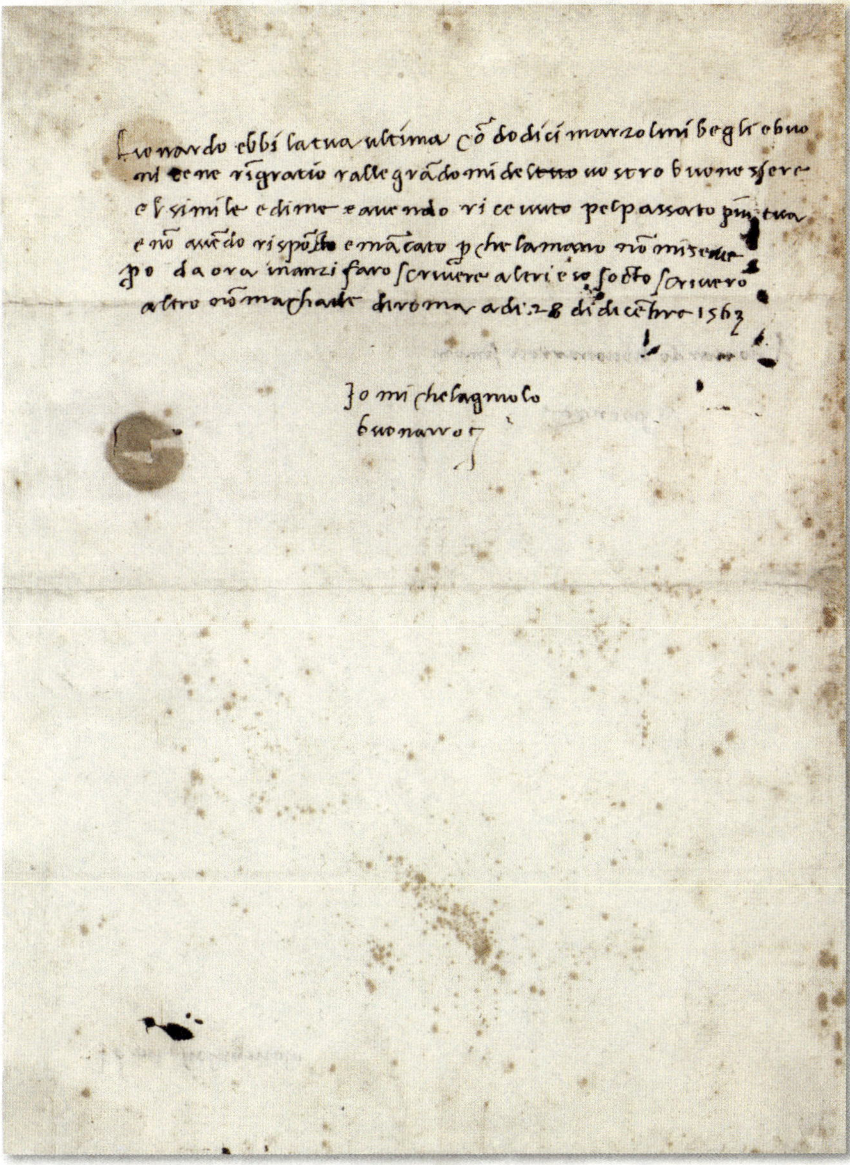

Lionardo ebbi la tua ultima cō dodici marzolini begli e buo
ni che te ne ringratio rallegrādomi del vostro buono essere
e il simile e di me avendo ricevuto pel passato più tua
e nō avēdo risposto è mācato p che la mano nō mi serve
però da ora inanzi farò scrivere altri e io sotto scriverò
altro nō m'achade di roma a dì 28 di dicēbre 1563

Io michelagniolo
buonarroti

前页和上图：米开朗琪罗 88 岁时写给在佛罗伦萨的侄子莱昂纳多的信，落款于 1563 年 12 月 28 日。这是米开朗琪罗写的最后一封信，信中感谢了莱昂纳多给他的 12 块“优质的”奶酪。他用僵硬的手写道：“我的手已经不方便了。从现在开始，我会让其他人代写，然后由我签名。没有什么其他的事了。1563 年 12 月 28 日，于罗马。”

米开朗琪罗的最后一封信

莱昂纳多，我收到了你的上一封信和 12 块优质的 *marzolini*（一种羊奶酪），非常感谢。我为你良好的举止感到高兴，你这一点和我很像。我收到了你的其他信件，但还没有回信，因为我的手已经不方便了。从现在开始，我会让其他人代写，然后由我签名。没有什么其他的事了。1563 年 12 月 28 日，于罗马

我，米开朗琪罗·博纳罗蒂

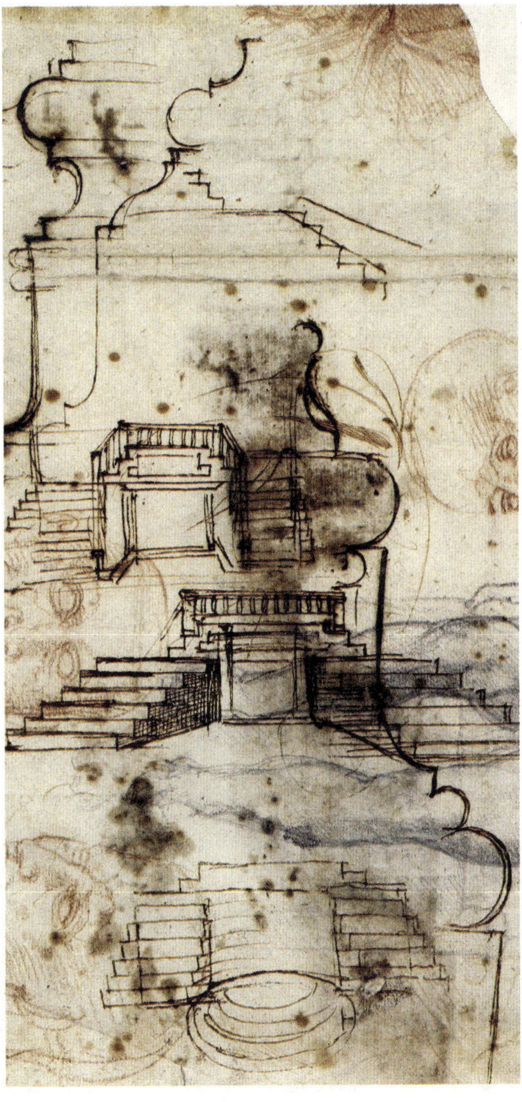

米开朗琪罗的图书馆楼梯设计和柱基的细节。他将层叠式图书馆楼梯描述为一系列椭圆形盒子。

泥金装饰的亚里士多德的十五世纪手抄本，藏于美第奇图书馆。